U0143053

幼兒的語文經驗

黃 瑞 琴 著

國立臺北教育大學幼兒教育學系教授

五南圖書出版公司 印行

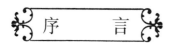

序　言

　　本書是闡述幼兒在幼稚園裡的語文經驗，其中包括：口說語言、讀寫文字、文學圖書、和雙語的發展。筆者撰寫這本書，主要是因有感於當前的幼稚園教學，常扭曲了原本在人類日常生活中，語文的生活化溝通意義，本書的基本觀點即著重於幼兒在幼稚園裡的生活，需得以自然地說話、與人交談、接觸文字、和閱讀圖書。語文在幼稚園裡的意義，就如同其在日常生活中的意義一樣，是一種表達自我和與人交流的媒介及過程。另外，並闡述有關幼兒學習兩種語言的經驗。

　　在幼稚園裡，語文是一種生活化的日常經驗，而不是一門教材教法或教學科目，本書簡明扼要地闡述此基本觀念，希望有助於幼教老師或幼教學生把握和澄清語文的意義，在幼稚園裡能提供幼兒生活化的語文情境，而避免陷入機械式的教學技巧。筆者才疏學淺，書中論述有疏漏之處，尚祈讀者指正為感。並且，特別要感謝五南圖書公司費心編印和出版本書。

謹將此書獻給我最敬愛的父親。

黃瑞琴 謹識
於民國八十三年一月

幼兒的語文經驗

目　次

幼兒的語文經驗

圖表目次

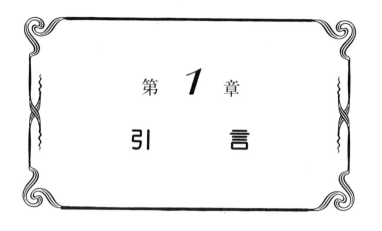

第 *1* 章

引　言

　　本書所闡述的語文經驗，包括口說語言（說話）和書寫語言（文字），口說語言是聽和說的過程，書寫語言則是讀和寫的過程，語文經驗即是聽、說、讀、寫的過程。在日常生活中，如果我們稍加仔細觀察，即常可看到如下列的事例：幼兒使用著口說語言、接觸著書寫語言、或經驗著兩種語言。

一、幼兒生活中的語文

例一（口說語言）：

　　　　奶奶抱著一歲多的小威坐在公車上。

　　小威望著窗外喃喃自語：

　　「爸爸、媽媽、車車、狗狗、球球」

小威看看奶奶叫著:「奶奶、車車、車車」

奶奶:「對喲!小威,看車車,好多好多車車!」

小威看到鄰座小朋友在吃棒棒糖,叫著:

「奶奶、糖糖」;「奶奶、吃、糖糖。」

奶奶搖頭說:「奶奶不吃糖糖喲!小威乖!」

小威開始哭,下一站,奶奶就帶著小威下車了。

例二(口說語言):

五歲的聖車和爸爸媽媽到花蓮去玩,回來時買了一盒小羊羹。這一天,聖車吃過晚飯後,就捧著這一盒羊羹請大家吃。他走到堂哥面前說:

「堂哥,你要不要吃羊羹?我媽買的,是去花蓮買的,有草莓口味的,一個請你吃。」

接著又走到廚房問奶奶:

「奶奶,你要不要吃羊羹?我媽買的,是去花蓮買的,一個給你吃好不好?」

接著又問叔叔:

「叔叔,你要不要吃羊羹?我媽買的,是去花蓮買的,一個給你吃好不好?」

爺爺就問聖車：

「聖車，你今天怎麼那麼大方？請大家吃東西。」

聖車：「我本來就很大方啊！」

例三（書寫語言）：

四歲的蘇怡坐在客廳拿起一本書，指著書上的「中」字，告訴坐在一旁的爸爸說：

「這是中華民國的『中』字，也是我們幼稚園中班的『中』。」

接著又看著電視上的字幕說：

「爸爸，看那是不是『風』？今天是不是演『風』的連續劇？」說完，還吹了一大口氣。

然後，跑去上廁所，坐在馬桶上，唸著牆上掛的日曆上的數字，媽媽在一旁洗毛巾，帶著她唸，她跟著重複唸：

「五月 15 日，星期一；五月 16 日，星期二……」

例四（兩種語言）：

在一家服飾店，店員阿姨坐在後面椅子上休息。

　　五歲的伶雅跑過來,用臺語和阿姨交談。

伶雅:「阿姨,你怎麼坐在這裡?」

阿姨:「我很累,坐在這裡休息一下。」

伶雅:「你睡一下,等一下有人來,我再叫你。」

阿姨對伶雅笑一笑,眼睛看著櫃臺。

伶雅:「你是不是怕老闆給你辭頭路?」

阿姨:「沒有。」

伶雅:「我媽跟我講,工作要認真,不能睡覺,不然老闆會給你辭頭路。」

阿姨:「嗯!你要記著你媽媽的話。」(用國語說)

伶雅(似乎聽不懂):「什麼?你講什麼?」

阿姨:「你要記著你媽媽的話。」(改用臺語說)

　　如上述的生活事例中,幼兒使用著口說語言指稱他所看到的事物的名稱(例一),使用著口說語言或方言詢問別人的意思、也傳達自己的意思(例二、例四),或察覺書寫語言(文字)在生活中呈現和應用(例三)。就如這些例子所顯示的,幼兒在進入學校接受正式的語文教學之前,其實即在日常生活與周

遭人、事、物的互動過程中，使用著口說語言或接觸著書寫語言，語文因而是一種生活經驗，是一種與周遭環境互動的日常經驗。

　　幼兒進入幼稚園，幼稚園的生活情境即須保留和延續這種生活化的語文經驗，使語文保留為人與人之間自然地交流和分享想法、感覺、和喜樂的生活方式，不應將語文塑造成一種集體聽講、機械式問答的教學技巧或例行儀式，而應讓幼兒從使用語言中學習語言、從閱讀中學習閱讀、從寫字中學習寫字。

二、「全語言」的取向

　　當前語文教育界倡導之「全語言」(whole language) 的課程取向，即可說是來自於生活中這種常識性的看法：兒童是從使用語言中學習語言、從閱讀中學習閱讀、從寫字中學習寫字。「全語言」是一種哲學，其主要前提是：語言（口說語言和書寫語言）不應被劃分成內容或技巧的部分，而須是在對於學習者有意義的真實情境中使用而學習。

　　如從學理的觀點看，「全語言」的哲學也不是新興的，其哲學淵源於二十世紀初美國教育家杜威 (J.Dewey) 主張之以學生為中心、活動為基礎的學

習,以及 1940 至 1970 年代心理學家皮亞傑 (J.Piaget) 提出之發展的學習理論,而在 1970 和 1980 年代進行之有關語文的研究,進一步促使語文教育方案轉換為一個統整的觀點,這些研究顯示下列要點,提供全語言哲學的基礎 (Heald—Taylor, 1989, pp.4—6):

1. **發展的學習**:有關發展與學習的研究顯示,兒童學習語言是發展式的。他們在豐富的語文環境中,常自然地進行談話、閱讀、和寫字的經驗。

2. **口說語言**:有關口說語言的研究顯示,兒童在與其周遭的人們談話中學習說話,從日常交談中發展他們自己的語言規則系統,兒童自然地獲得語言,而不是經由正式的教學。

3. **閱讀**:有關閱讀的研究顯示,兒童在進入學校接受正式的識字教學之前,即已在日常生活中開始閱讀,而如果大人過於強調孤立的字彙教學,常會阻礙兒童的閱讀過程。

4. **寫字**:有關寫字的研究顯示,兒童學習寫字也是發展式的。兒童的寫字開始於畫圖,兒童藉著畫圖和塗寫以溝通訊息,與周遭的大人及同伴們分享、討論他們塗寫的字。

5. **評鑑**:有關評鑑的研究,支持從技巧的標準式測

驗轉換至觀察的評鑑。標準式測驗常是根據過時的語文研究，忽略了兒童萌發的讀寫行為；而直接觀察兒童進行中的讀寫行為，能提供有關兒童語文成長的更可靠資料。

根據上述的研究要點，而形成「全語言」的下列主要信念：

- 兒童的學習是從他們周遭的世界建構他們自己的意義。
- 語言的學習是產生於一個支持兒童試驗和探索的環境。
- 語言是在一個互動的、社會的過程中獲得。
- 所有語言上的系統（如：聲音、文法、意義），是在語言使用的實際事件中運作。
- 兒童的聽、說、讀、寫，是互相支持和補充的發展過程。
- 語言教育的目的是幫助兒童熟練地使用語言。

兒童在家裡、日常生活中，自然而有意義地使用語言、接觸文字和圖書，而在全語言的學校環境或教室中，能激發和支持兒童有意義地使用語言，其情境具有下列特徵：

- 兒童有許多互動的機會，進行口語和書寫的溝

通。

- 兒童自己的需要和經驗引發其聽、說、讀、和寫的動機。

- 鼓勵兒童談話，在全班、小組、和個別的活動情境中交談和討論。

- 兒童透過戲劇、藝術、音樂、律動、討論、書寫、和探究等真實的語言事件，傳達他們的情感和想法。

- 兒童每天有獨立閱讀的時間，選擇他們自己讀的書，並可重複閱讀。

- 兒童聆聽、閱讀、和反應各種來源的文學讀物。

- 兒童經由畫圖、口說讓大人筆錄、或自己塗寫字的過程中，試驗文字的功能和意義。

- 兒童持續地預測、假設、試驗、歸納、和證實他們在聽、說、讀、寫中發展的語言。

- 兒童覺得他們是有效的、勝任的、和有能力的語言使用者。

　　在當前的幼兒教育領域，即強調如上述全語言的取向，提供能激發和支持幼兒有意義的語言使用的情境。例如，美國全國幼兒教育協會 (National Association for the Education of Young Children，簡稱 NAEYC)，有鑑於當前幼教機構常提早教幼兒讀、

寫、算的特定技巧，是嚴重誤解了早期學習的意義，即綜合地根據當代有關幼兒發展和學習的研究和論著，於 1986 年發表「發展適合的幼兒教育實施方案」(Developmentally Appropriate Practice in Early Childhood Programs) 的聲明，其中列舉了對於四至五歲幼兒有意義的語文經驗，例如 (Bredekamp, 1986, p.51)：

- 與其他幼兒和大人非正式地談話。
- 參與戲劇遊戲和其他需要溝通的活動。
- 聆聽和閱讀故事及詩歌。
- 口說和筆錄故事。
- 觀看教室中的圖表和使用中的文字。
- 藉著畫圖、描繪、和自創字型等方式去試驗寫字。
- 戶外郊遊。

本書接著分章闡述幼兒在幼稚園裡的語文經驗，並非在劃定一套特定的全語言教育方案，而是參酌如上述全語言取向的信念和實施原則，從一般幼兒語文發展的觀點（包括：語言獲得和讀寫萌發），闡述幼兒在幼稚園裡的口說語言經驗、讀寫文字經驗、和文學圖書經驗，最後則闡述有關雙語言／雙文化的經驗。

本 章 摘 要

　　幼兒的語文經驗包括：口說語言之聽和說的過程，以及書寫語言（文字）之讀和寫的過程。幼兒在日常生活中與周遭環境的互動過程中，即自然地使用著口說語言或接觸著書寫語言，語文因而是一種日常的生活經驗。

　　幼兒進入幼稚園，幼稚園即需保留和延續著生活化的語文經驗，參照「全語言」的取向，讓幼兒從使用語言中學習語言、從閱讀中學習閱讀、從寫字中學習寫字。「全語言」的前提是：語言（口說語言和書寫語言）需是在對於學習者有意義的眞實情境中使用而學習，而不應被劃分成教學的內容或技巧。

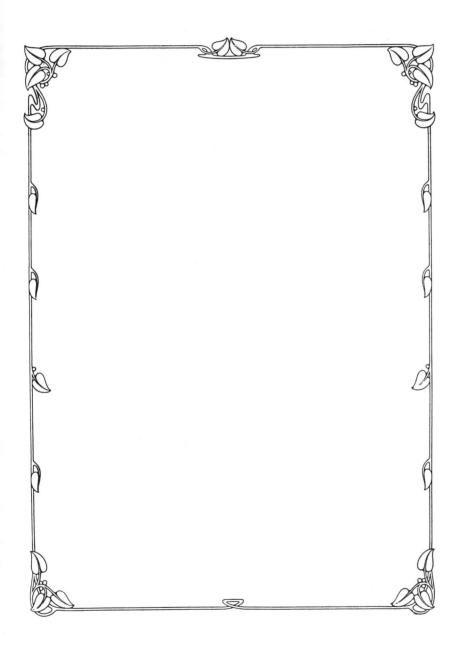

第 2 章

幼兒的語言獲得

　　人類的口說語言是由少數個別的、無意義的聲音，按照約定的規則，被組合而產生無限量之有意義的訊息。在世界上所有動物類中，只有人類能產生和使用這樣高度精鍊、有彈性、和建設性的口說語言，藉以溝通抽象化的意念。尤其令人驚異的是，所有生理發展健全的幼兒大都能在出生後四至五年內，在自然成長的日常生活中，不需經過正式的教導，就可以順利地產生和理解這樣高度精鍊的語言（母語），而獲得聽、說母語的能力。

　　所謂「語言獲得」（language acquisition）指的即是兒童對母語的產生（producion）和理解（comprehension）能力的獲得（主要是指口語的說話和聽話能力的獲得）（李丹，民78，頁277）。有關

語言獲得的研究，是涉及語言學、認知、和社會化理論的複雜問題，語言是由口語聲音和字句組合而成，其意義主要是透過這些聲音和字句的特性和特定使用而傳遞，因此語言是一個規則化的系統，兒童早期的語言系統雖是有限制的，但是其口語溝通的功能是頗為複雜的 (Garcia, 1982)。為輔導幼兒的語言發展，我們一方面須瞭解幼兒語言獲得的實際過程，一方面則須瞭解有關幼兒語言獲得的理論觀點，以做為輔導的參照，以下即分節闡述這兩方面的過程和觀點。

一、幼兒語言獲得的過程

幼兒對於母語能力的獲得過程，主要涉及語音 (phonology)、語法（或句法）(syntax)、和語意 (semantics) 三方面的結構系統；再者，語言做為一種人際溝通的工具，說者和聽者雙方還都必須把握一系列的技能和規則，這就是語用 (pragmatics)。幼兒在語言發展過程中，須逐漸掌握母語之語音、語法、語意、和語用的一些基本規則，才能隨之產生和理解母語，獲得聽、說母語的能力。

(一)語　音

語音是用在口說語言之聲音的基本單位，聲音是語言最原始的訊號，聲音的功能是傳意，世界各地不同的語言，分別按照其特定的語音規則，組織成有意義的訊息，例如，我國的國語是按照聲調辨別其意義。

幼兒大約在八至十二個月大時，能說出第一個有意義的聲音，即能一致地用一個固定的語音來指稱某一個事物，在幼兒自出生至能說出第一個有意義的聲音之前的這段期間，通常稱之為「前語言期」(prelinguistic period)。

前語言期的嬰兒發出的聲音，雖然不能算是有意義的語言，但這時期的嬰兒已能區辨語音的差別和分辨不同的人的聲音，並且他們所發出的聲音有明顯的變化，這些表現可說是在為其一歲以後的說話和語言學習做準備。前語言期的嬰兒發出的聲音，有三種類型：

1. 哭：剛出生的嬰兒進入了一個新的環境，第一個行為反應就是哭，在出生後數星期內，嬰兒所發出的哭聲是尖銳刺耳的，嬰兒的哭常是由於飢餓、生氣、或不舒服。

2. 咕咕（cooing）：約一個月大的嬰兒即開始發出
   一些如鴿子叫的咕咕聲音，這些聲音都是反射性
   的、零亂的，並不具有訊號的意義。

3. 呀語（babbling）：約從三或四個月開始，嬰兒
   似乎已稍能控制自己所發出的聲音，常會發出一
   連串重複的呀語聲音；接著，約自第九或十個月
   起，嬰兒已能重複不同音節的發音，還能發出同
   一音節的不同音調，嬰兒的呀語聽起來像語音，
   但它們仍然是無意義的聲音，然而透過呀語，嬰
   兒可練習調節和控制發音器官的活動，以準備接
   著產生和發展真正的語言。

　　當幼兒在一歲左右，能說出第一批能讓人聽得懂
的語音時，即表示幼兒開始說話了，進入了「語言期
」(linguistic period)。中文的語音，是以音節為基
礎，每一音節又分成聲母和韻母兩部分，國語有22個
聲母和37個韻母，這59個音是國語的基本語音，每一
個兒童都必須掌握這些基本語音，才能完全發展出國
語的語音。語音之外，國語有四個主要聲調，學習國
語的幼兒最先學會一聲和四聲，隨後再學會區別二、
三聲，約在兩歲半即全部四聲都學會了（吳敏而，民
80，頁224）。

㈡語法（句法）

　　語法（句法）是語言的結構，是指如何將字或詞組成有意義的句子的規則，幼兒要能說出別人聽得懂的話，就須學會語法。在幼兒期，語法的產生可分成三個階段：

1.**單詞句**：幼兒在一歲左右開始說出有意義的單詞，即每次說話只說一個詞。幼兒早期出現的單詞，大都是指稱他在生活中經常接觸而熟悉的人（常是「爸爸」、「媽媽」）、事情、物品、或動作，中國兒童的單詞句常是疊音詞，如「車車」、「奶奶」等。幼兒的單詞常是用來命名或指稱，有時候也可能指涉該詞之外的意思（例如：當幼兒說「車車」時，可能表示：「我要坐車車」、「車車來了」、或「車車開走了」等），但是單詞句期的幼兒，實際尚未發展關於句法和語意的知識，常只是籠統地用單詞去反應眼前的整個情境。

2.**雙詞句**：幼兒約從一歲半開始出現由雙詞或三詞組合成的語句，例如：「媽媽、水」、「球球丟丟」等，這樣簡略而斷續的句子，就像是成人使用的電報文件，故被稱為「電報句」。超過單詞

的語句才有組織，因此雙詞句是造句法的開始，合法的語句是指幼兒想要表達的意思與他用來表達這個意思的語句是一致的，亦即這句話和情境訊息是相符合的（例如：幼兒抱著玩具小熊，說「抱熊熊」，就是合法句；而如果他說「熊熊抱」，就是不合法）。值得注意的是，幼兒的雙詞句大都是合法句，學中文的幼兒，不合法的語句只有一種類型，那就是「受詞＋動詞」，例如：幼兒丟球，說「球丟掉」；幼兒抱著狗，說「狗抱抱」。除此之外，其他的句型大都合法，因此我們可以說一至二歲的幼兒在沒有刻意的教導下，即自然地掌握了母語的簡單句法（賴保禎、張欣戊、幸曼玲，民 79，頁 173-175）。

3. 多詞句：幼兒開始出現雙詞句以後，其語言的詞彙漸漸增多，句子也漸漸增長，也開始能正確使用母語中直述句的基本句型。完整句隨著幼兒的年齡而增長，二歲幼兒的語句大部分是完整句，三歲幼兒的語句基本上已都是完整句，句法發展的過程是從簡單句到複雜句。此外，為了不同型式的溝通需要，幼兒也學習使用問句、否定句、疑問句等句型。

一般而言，在幼兒的語言發展過程中，句子的理解先於句子的產生（李丹，民78，頁294-295）。未滿一歲的幼兒還不能說出有意義的單詞，即已能聽懂人們所說的某些詞句，並對之做出恰當的動作反應。一歲以後，幼兒在尚未能組成雙詞句時，已能按照成人的要求做出相應的動作，如對於「摸摸小兔子」、「敲敲小鼓」、「親親娃娃」等指令都能正確執行。這些指令中使用的名詞和動詞都不相同，幼兒能分別對之做出區別性反應，可見此時幼兒已不僅是對句子中的某個單詞做出反應，而是能聽懂話語中的多個詞義了。二、三歲的兒童喜歡聽成人講的簡短童話、故事、兒歌，並能記住它們的內容，四、五歲兒童則已能和成人自由交談。

(三)語　　意

語意是指語言的意義，其中包括字、詞、和句子所表達的意義，前述之幼兒發展過程中所產生的單詞句、雙詞句、和多詞語句的意義，即常同時涉及句法和語意的因素。

幼兒的語意發展，常出現語意的過度延伸 (over-extension) 現象，即傾向於使用相當特定的字指稱廣泛的各種物體、動作、或事件；例如，看到所有有毛

皮的、四條腿的動物都叫做「狗狗」，所有會動的交通工具都叫做「車車」。另一方面，幼兒也會出現語意延伸不足 (underextension) 的現象，即傾向於使用一般的字指稱較小範圍的物體、動作、或事件；例如，「糖果」只用來指稱巧克力糖，「餅乾」只用來指稱巧克力片。幼兒在學習一個新字的意義時，即常經歷這樣一系列的階段 (Clark & Clark, 1977)：

1. 延伸不足 (underextension)：例如，剛開始幼兒說「貓咪」，可能只是指稱家裡的一隻貓。

2. 似乎適當的使用（沒有察覺字的真正意義）：例如，幼兒接著可能將「貓咪」包括其他貓。

3. 過度延伸 (overextension)：例如，幼兒使用「貓咪」指稱狗和羊等其他動物。

4. 正確的使用：幼兒瞭解了「貓咪」意義，並只用來指稱貓科動物。

幼兒學習語意與其認知的概念發展有密切關連（王瑋等譯，民 77，頁 363），兩歲多的幼兒會辨認他們周遭環境裡的特徵，他們所理解的字詞意義是繫結在他們所經驗到的具體物件上（如：當有人問到：「什麼是椅子？」幼兒會指著一張椅子）。二歲至七歲之間的幼兒，就會超越他所處環境中出現的具體物件，而能在腦海裡出現一些不在現場的物體或事件的

表徵。七歲至十一歲的兒童會發展出對更複雜關係的瞭解，但其語言仍停留在具體描述的程度（如：「椅子是用來坐的」）。而十一歲以後的兒童才會有比較抽象和邏輯的思考，能抽象地運用語言來幫助他們推理的過程（如：「椅子是一件傢俱，可以有很多用途」）。

㈣語　用

語用 (pragmatics) 是指在不同的社會情境中，有效和適當地使用語言的原則。語言是一種溝通的工具，其溝通過程涉及交談雙方的說話技能以及說話時的特定情境。交談時，說者須要針對聽者的能力和需要，說出適當的話，並隨時配合聽者的反應或情境的變化，調整自己的說話內容或方式，以吸引聽者的注意力；而聽者則必須從說者的話語或表情中察覺其所欲傳達的訊息，並能及時予以回應，因此，有效的溝通須同時包括了說、聽、和社會性的技能。即幼兒在語言發展過程中，不僅須要學習對聽者說「什麼」，也須要學習「如何」適當地說，藉以達成有效溝通的目的。

這種與人溝通的意圖，早在嬰兒期即已顯現，嬰兒常會以哭、發聲、眼神、微笑、嘴巴的開合、或手

的指物動作等，向照顧者表示他的需要或情緒，或是藉以回應照顧者的語調和行為。當幼兒開始說話時，常會結合所說的字詞和手勢，來表達他的意思，兩歲左右的幼兒就能仔細地聽同伴說的話，並適當地反應其他幼兒問的問題；三歲以上的幼兒，則已能逐漸察覺何時該說什麼、和對誰說的有關規則，藉以做有效的溝通。

根據當代有關社會語言的研究 (Shatz &Gelman, 1973)，四歲左右的幼兒說話時並非都是自我中心的，他們已能察覺別人可能有不同於自己的立場，而能因應聽者的不同能力而隨時調整其說話內容。例如，當四歲幼兒分別向二歲幼兒和成人介紹一種新玩具時，其所使用語句的長度、結構和語態都不相同；對於二歲幼兒，用的是簡短的話語，以及引起和維持對方注意的語詞，如：「注意」、「看這裡」，說話時顯得有自信、直率，常直接告訴二歲幼兒怎樣玩玩具；對於成人，則用較長和結構較複雜的話語，表現較有禮貌和謹慎，所說的內容常是自己的想法，想從成人那裡獲得某些訊息或幫助。這個研究顯示，幼兒已初步學會有效溝通的語用技能。

二、語言獲得的理論觀點

幼兒是如何獲得一套語言法則？有關語言發展和學習的理論，從不同的觀點去解釋幼兒獲得語言的過程，其中主要有三種理論觀點：行為學習的 (learning behavioristic)觀點、語言學的 (linguistic) 觀點、和認知的 (cognitive) 觀點（賴保禎、張欣戊、幸曼玲，民 79，頁 185−195 ; Garcia , 1982 ; Salinger, 1988 ; Shaffer,1989 ），以下即簡述這三種理論的主要觀點。

㈠行為學習的觀點

行為學習的觀點著重於環境對語言獲得的影響，源起於心理學上行為學習派的發展和學習理論。從行為學習的觀點解釋，幼兒學習語言主要是由於所在環境的增強作用所引發，語言是經由刺激和反應的制約過程而學習，語言的發展即是一系列刺激反應的聯結。

嬰兒最初會自然發出或模仿一些聲音，父母或其他照顧者會鼓勵其中那些較像成人語言的聲音，孩子就會受到增強而重複使用它們，透過如此一步步的增

強，照顧者逐漸會將嬰兒發出的這些語音塑造為符合成人語言的型式。

在語音和腔調的學習上，模仿可能是重要的學習方式，然而，通常幼兒可模仿的是大人說話的語音或一個字句，但無法模仿超乎他現有能力之更複雜的句法。當幼兒試著模擬大人說的話時，常是配合他們自己現有的文法能力程度，凝縮或重新形成自己的語句，因此幼兒說的話很多常是他們自己創造出來的語句。有的研究者不贊成傳統行為學派的機械臨摹說，而另提出了「選擇性模仿」的概念（李丹，民78，頁311），其認為兒童學習語言並非是機械式地模仿成人的語言，而是有選擇性的；在日常的情境中，兒童能夠把範句的句法結構應用於新的情境以表達新的內容，或將模仿到的結構重新組合成新的結構，這樣獲得的語言有學習和模仿的基礎，又有自創的新穎性。

父母或其他大人與幼兒互動時，常使用語言學家所謂之「兒語」（babytalk)或「母親語言」(motherese)(Gelman & Shatz, 1977)。母親語言通常是非常短的、簡單的句子，音調較高和較誇張，強調幾個關鍵字（通常是物品和活動的字）；母親語言常包括發問（如：「球在那裡？」）或簡單的命令（

如：「丟出去」），成人常會說明這些話的意思或重複說許多次，以吸引幼兒的注意和幫助他瞭解。父母和其他成人常能配合幼兒能瞭解的程度，調整他們的說話方式，當孩子的語言變得較為複雜，成人通常會隨著增加他們自己說話的句子長度和複雜度。成人說的句子常比幼兒說的句子稍長和較複雜，這種情境似乎有助於幼兒的語言學習，幼兒持續地顯露於他可能瞭解的新的語意關係和文法規則，而且成人常會重複或說明他們試著溝通的想法。這即是父母示範(modeling) 語言的一種方式。

(二)語言學的觀點

　　按照前述之行為學習的觀點，幼兒的語言獲得是漸進的、累積的增強過程，但是世界各地的幼兒，通常在短短四、五年內經過類似的語言發展階段，即能很容易且很快速地獲得聽、說其母語的能力，而且大多數的父母並沒有隨時刻意去訓練或增強幼兒的語言行為。幼兒為什麼能繼續產生逐漸複雜的句子，針對這個問題，許多語言學家提出了語言發展的一個生物學理論—先天論 (nativism)。

　　語言學上先天決定論的觀點，認為決定幼兒獲得語言的因素不是經驗和學習，而是先天遺傳的語言能

力 (linguistic competence)，幼兒先天即具有語言學習的本能，學習語言是人類的天賦能力，是自然成熟的結果。提倡這一觀點的主要學者詹姆斯基 (N.Chomsky)，假設全世界人類生來就具有複雜的語言結構，這些結構組成了一個「語言獲得裝置」(Language Acquisition Device，簡稱 LAD)（參見圖 2-1 ）。

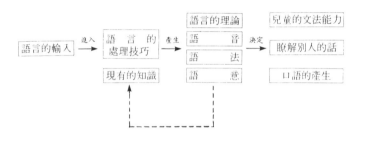

圖 2-1：語言獲得裝置
（引自 Shaffer, 1989, p.289)

語言獲得裝置並不是人的頭腦裡一個實質的特定結構或區域，而是一組分析語言輸入的知覺和認知能力，這些假設的內在的語言處理技巧，使得兒童能推知他們所聽得的口語的語音類型、字的意義、語法的規則，這些有關語言之意義和結構的推論，形成語言的一個「理論」，讓兒童用來引導他們自己的溝通意

向。當一個兒童變得較成熟和有機會處理更多語言的輸入時,他的內在語言理論將逐漸變得複雜,直到接近於年長兒童和成人所使用的語言型式。

對先天語言論者而言,兒童只要有外界輸入的語言資料,透過這天賦「語言獲得裝置」的處理運作,就會自動地發現適用於母語的規則,而能產生和理解語言,語言獲得因而是相當自然的、幾乎是自動的過程。這個過程是兒童自己完成的,並非被強加訓練的,而兒童自己對此過程並不能意識到。然而,先天語言論的觀點,基本上是理論上的思辨和推論,有關語言獲得裝置的說法,也是沒有事實根據的假設,因此也無法具體地解釋兒童如何得到複雜的語言能力。

(三)認知的觀點

認知學者皮亞傑(J.Piaget)指出,認知能力是個體在環境和現有認知結構互動下的產物,亦是引導幼兒語言發展的重要因素,幼兒的語言是個體與環境的相互作用中,尤其與人們的語言交流中,在認知發展基礎上發展起來的。這種互動論的觀點,綜合了前述的環境因素和生物因素,認為幼兒有類似的語言發展特徵,是因為他們分享許多共同的經驗,而頭腦和神經系統的成熟,使得幼兒在相同的年齡階段發展相似

的想法，同時也呈現相似的口語型態。

　　嬰幼兒是好奇的探索者，他們形成認知的基模以解釋有趣的物體和事件，然後在語言上述說他們知道和瞭解的事情，語言的發展即反映了幼兒的認知發展。語言是認知發展上許多表象能力的一種，表象能力是指應用一種象徵或符號來代表某種事物的能力，約一歲半至二歲間的幼兒，在認知上產生了心理表象能力，語言自然就跟著出現，因語言即是一種表象能力。幼兒在感覺動作期所建立的物體概念，是其在單詞期建立詞彙的基礎，幼兒最初說的單詞，常是指稱他們在操作或執行動作的物體，顯示幼兒的語言只述說他們在環境中瞭解的事情。

　　皮亞傑的認知發展論較著重於語言的功能，而較少論及語言的結構。其認為運思前期的幼兒（約二至七歲），只能以自我為中心來思考事物，這種現象反映在語言上，幼兒的說話方式也是以自我為中心的，只是說出他在此時此刻所想到的事情，而不太在意別人是否在聽或是否懂得他說的話。到了認知發展的具體運思期，兒童（約七至十一歲）能將自己放在聽者的位置，以別人的觀點來看一些事情時，就出現社會化的語言，形成與別人之間真正的溝通對話，彼此交換訊息。然後，到了認知發展的形式運思期（約從十

二歲開始），個體已具有系統化思考的能力，即能和別人討論假設的事件。然而，參照前述四歲幼兒已初步學會了有效溝通的語用技能，皮亞傑可能低估了幼兒的語言溝通能力。

(四)統整的觀點

參照上述行為學習的、語言學的、和認知的理論觀點，幼兒語言獲得的過程涉及了外在環境、個體內在能力、和個體與環境互動的認知能力。沒有任何一項理論能完全解釋幼兒在人生初期，是如何獲得那麼複雜的語言能力，因此我們須以統整的觀點認識幼兒之語言獲得的過程。

語言是人類所有行為中最複雜的行為，即使不一定有先天的語言知識，幼兒學習語言的過程也具有某些內在的機制，尤其是在語音的辨別和發展方面。但是語言先天論者所謂的語法知識，個體需要在和外界環境的實際互動中，在與他人的語言交流中，才能建立有關語法規則的認知結構。幼兒之語言獲得的過程，固然在先天上有其成熟的因素，還是須要透過外界的環境和經驗，幼兒若沒有機會接觸外界語言，他自己是不可能憑空獲得語言的。

因此，在基本上，幼稚園必須提供幼兒一個豐富、有反應的語言環境，引發幼兒開放自己、自我表達、和與人交流的動機，讓幼兒在日常與周遭人們的談話中，習得為達到有效溝通所需要的規則和技巧，而發展出他們自己的語言規則系統。這也就是第一章述及之「全語言」的觀點：兒童是從使用語言中學習語言，語言須是在對於學習者有意義的真實情境中使用而學習。

本 章 摘 要

　　幼兒的語言獲得，是指幼兒對語言的產生和理解能力的
獲得，即是說話和聽話能力的獲得。幼兒的語言獲得過程，
主要涉及語音、語法、語意、和語用的基本規則。

　　語音是口說語言之聲音的基本單位，幼兒約在一歲時，
由「前語言期」進入「語言期」，開始發出讓人聽得懂的語
音。語法是語言的結構，在幼兒期，語法的產生分成單詞
句、雙詞句、和多詞句三個階段。語意是指語言的意義，幼
兒的語意發展常出現語意過度延伸和語意延伸不足的現象。
語用是指在不同的社會情境中適當地使用語言的原則，四歲
左右的幼兒已能因應聽者的不同能力而調整其說話內容。

　　幼兒的語言獲得，主要有三種理論觀點：行為學習的觀
點、語言學的觀點、和認知的觀點。統整這三種觀點，幼兒
語言獲得的過程涉及了外在環境、個體內在能力、以及個體
與環境互動的認知能力，幼兒須在日常與周遭環境互動中，
習得語言溝通的規則和技巧，而發展出他們自己的語言系
統。

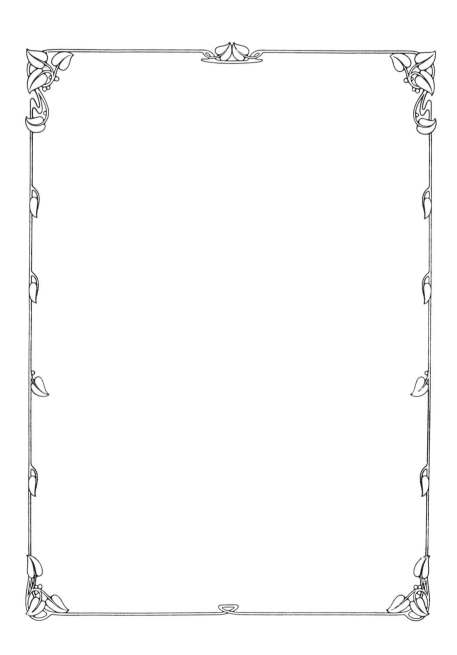

第 **3** 章

幼稚園裡的語言經驗

　　從語言獲得的過程和理論觀點看,幼兒須在和外界環境的實際互動中建立有關語言的認知結構,從使用語言的情境中學習語言。語言是獲得、而非教得,語言是經驗、而非科目,由這樣的觀點著眼,幼兒在幼稚園的日常生活中,即需有許多說話、交談、表達自我、和與人溝通的機會。在人們的日常生活中,語言的使用原是無所不在、無時不在,幼兒在幼稚園的日常生活中,也須隨時隨地延續著這樣自然流暢的口語化經驗,避免受到學校成規的限制,而將語言扭曲為上課式的聽講或問答型式。

一、口語化的教室生活

幼兒獲得口說語言的情境，須呈現有下列特徵
(Strickland & Taylor, 1989)：

1.有一個成功的氣氛

在溫暖的氣氛中，尊重每位幼兒說話的獨特型
態，接納幼兒說話的錯誤，讓幼兒有信心說話。

2.主要是以幼兒為中心

幼兒是一個主動的、好奇的參與者，喜歡問問題
和要求答案，幼兒自己的目的或意向引導著他說話。

3.在一個有意義的情境

幼兒的語言學習和概念發展是透過其自身的活
動，每個新的想法或語言因素須存在於幼兒現有的知
識架構中，即必須是對幼兒有意義的，否則將被摒
除。

4.幼兒呈現在學習的整體系統中

語言不是被技巧所安排的管理系統，語言的所有
成分須形成一個相互關聯的整體。

上述的特徵，皆不需要標準的教學形式，而是一
種自然的生活情境，讓幼兒在生活中有信心、主動
地、有意義地使用著語言，發展語音、語意、語法、

和語用技巧。就像在家裡,幼兒常可自由地和父母或兄弟姊妹交談,說些生活周遭或身邊發生的事情,討論各種不同的話題,幼兒在家裡的說話因而常比在學校裡的說話更多、更長久,也問更多的問題 (Tizard, 1981)。

　　幼兒一般是在三或四歲進入幼稚園,而從出生至三或四歲期間,嬰幼兒在家裡自然地獲得語言的情境,常是充滿了可聽、可看、可玩和可說的經驗或資源,例如:

- 大人帶著表情對孩子說話、唱歌,模仿他發出的聲音。
- 聽許多不同的聲音(如:時鐘、音樂、玩具等)。
- 大人使用簡短的字句和孩子說話。
- 看許多東西(如:圖畫、玩具、生活事物等)。
- 觸摸和玩各種不同形狀、大小、顏色的玩具或東西。
- 看簡短的圖畫書,大人唸書給幼兒聽。
- 拿著玩具電話說話。
- 扮家家。
- 和父母親或其他家人說話、自由交談。

　　幼兒進入幼稚園後,即須延續著如在家庭中這樣自然的、不拘形式的語言經驗,讓園裡充滿了可聽、

可看、可玩、和可說的經驗或資源，而不是被技巧所安排的管理系統。幼兒在幼稚園裡的生活，須能鼓勵幼兒多做聽和說的口語溝通，在聽的方面，讓幼兒有許多不同層次的聽的機會，包括(Scott, 1968)：

- 辨別的聽：幼兒覺知聲音高低和大小的改變，辨別環境中的聲音，和辨別人們說話的聲音。
- 有目的的聽：幼兒跟隨指示和予以反應。
- 欣賞的聽：幼兒聽音樂、兒歌、和故事時，覺得愉悅。
- 創造的聽：聽的經驗激發幼兒的想像和情緒，幼兒透過語言或行動自發地自由表達他們的想法。
- 批評的聽：幼兒瞭解、評鑑、做決定、和形成意見，老師可提出問題（如：「如果每個人同時都要在遊戲屋玩，會怎麼樣？」）激發幼兒思考和決定問題解決的方式，並表達他自己的想法。

而在說的方面，幼兒在幼稚園裡需有許多說話的機會，發展說話的能力，其中包括 (Machado, 1980, pp.137-138)：

- 有信心，能和別人說話。
- 在遊戲、對話、或團體中，享受說話的樂趣。
- 接受別人在說話時，可能有不同的想法。
- 對於新的字彙的意義感興趣。

- 說話表達自己的想法、情感、和需要。
- 以說話解決問題。
- 以說話創造和扮演。
- 同時使用說話和身體的動作。
- 等待輪流說話。

就如前述，幼兒獲得口說語言的情境須是在一個溫暖的氣氛中，主要是以幼兒為中心，為了鼓勵幼兒說話和交談，幼稚園的教室須能維持這樣的說話氣氛(Machado, 1980, pp.138－139)：

- 教室的聲音是溫暖和輕鬆的，幼兒有許多選擇的機會。
- 說話是自願的，不是被強迫的。
- 說話的團體是小的。
- 說話的意願是被歡迎的。
- 說話的努力和進步是被認可的。

溝通技巧的成長，是基於人們需要藉著語言表達個人的需要、願望、想法、喜樂、以及用語言解決問題，幼兒在幼稚園裡的口語溝通，就像人們在日常談話一樣，應是自動自發的，幼兒自己有說話和溝通的意願，使說的話語和聽的話語相互作用，從自我的世界擴展到他人的世界（森上史朗，民 81 ）。語言的獲得是一個主動的過程，語言是在被需要時而被使

用，幼兒須在實際經驗中形成說話的需要和運用語言的功能。哈利得 (Halliday, 1975) 分析語言的功能，列舉出下列七個功能：

1.工具的功能

語言用來獲取某物，用來當作手的延伸，藉以表達願望，滿足需要（如：「給我」）。

2.規定的功能

語言用來叫別人做某件事、或規定別人的行為，但並不須要直接有益於說話者（如：「停止」）。

3.互動的功能

語言用來建立說話者和其聽者之間的親近感和社會關係（如：「你知道嗎？」「你好嗎？」）。

4.個人的功能

語言用來表達個人的內在情感和想法，藉以建立個人的認同或歸屬感（如：「我愛你！」）。

5.想像的功能

語言用在趣味性和想像性，玩聲音和押韻的語言遊戲（如：「叮咚叮咚！」）。

6.探究的功能

語言用來問問題、發現事情、或獲取資料，藉以探究和認識外界環境（如：「那是什麼？」）。

7.資訊的功能

語言用來溝通有關真實世界的事實、傳遞資料、交換訊息（如：「外面正在下雨」）。

在日常生活中，幼兒愈常經驗到一個特定的口語情境，將愈能產生適合這個情境的語言話題，他們需要使用語言做事情、和他人相處、表達情感、娛樂、探究世界、或分享他們看到的資訊。幼兒如何能成功地發展上述這些語言功能，是取決於他們在每個功能方式上，有使用語言和聆聽語言的機會，在幼稚園的生活方式，即須讓幼兒經驗到使用語言和聆聽語言的口語情境。

幼稚園裡的情境，由於是一羣幼兒一起生活作息，成人為了保持教室的安靜和管理上的方便，常實施全班式的團體教學或大團體活動，由老師對全班幼兒說話，而限制個別幼兒之間的對話。然而，就如同在日常生活中一樣，人們使用語言和聆聽語言的口語情境須是個別式或小團體式的，在個別活動和小組活動中，幼兒才有機會和同伴或成人做雙向溝通，激發幼兒和每個人自由地談話、交換想法、分享資料、問問題、或解決問題。

因此，從語言使用的功能上看，幼兒在幼稚園裡的生活和活動型態，宜儘量是個別活動和小組活動。而團體活動的實施，一方面在時間上須適度，不要太

冗長（一般約 20 分鐘左右），一方面在方式上須儘量讓幼兒參與其中，鼓勵幼兒述說自己的想法和感覺，引發幼兒之間彼此對話、分享想法，同時也引導幼兒學習聆聽和欣賞別人的談話，保持安靜或給予別人反應。團體活動過程中，老師從旁鼓勵和引導（但不強迫）幼兒輪流說話、發言，例如，老師說：「景文要告訴我們他的想法」；「現在輪到淑如告訴我們⋯⋯」；「當只有一個人說話時，我們能聽得最清楚，立銘，請你先說，然後請沛秦說」，而不是流於只由老師自己對全班說話，或向幼兒講解一連串有關單元的知識概念。

至於小組活動的實施方式，常是將全班幼兒分成約六至八人一組，每組由一位老師（或助理、家長、實習學生等大人）引導，進行老師所設計的活動，時間約為 15 至 20 分鐘。小組式的活動型態，由於師生之間有著密切的個別接觸，因此可進行指導性較高的活動，但是小組活動的意義並非就是老師教學的時間，而是要讓幼兒有機會和同組的其他幼兒溝通、交換意見。在小組活動過程中，老師注意觀察每位幼兒的反應，引導幼兒之間互相討論，以問題激發他們思考和發現，在必要時給予建議和協助。

在幼稚園的生活中，幼兒吃點心、吃午餐時也可

以是小團體式的社交時間（就像我們大人一樣），允許一小組幼兒一面享用餐點、一面輕聲交談；老師也可利用餐點時間，每天輪流和一小組幼兒圍坐在一桌，和幼兒談話或引發幼兒彼此交談，隨意談談幼兒生活中感興趣的話題。此外，上廁所、收拾玩具、收拾餐具、或活動之間的從容轉接，也可以是交談時間，讓幼兒三三兩兩輕鬆地交談，在不同的情境自然地產生不同而多樣的話題。一個口語化的教室生活，需接納這些人際溝通的建設性的聲音，而不要拘泥於表面上的教室秩序，一直催促著幼兒默默地遵行老師預先劃定的作息時間，而致流失了幼兒自身的語言經驗。

二、在遊戲中說話

　　婷婷、玲玲、和平平在家門口的騎樓玩扮家家。

　　婷婷：「我當媽媽，你當爸爸，你當小孩。」

　　玲玲：「好，爸爸要去上班了。」

　　婷婷：「這是你的手提包，拜拜！」

　　平平：「媽咪，我要吃糖果。」

　　婷婷：「不行，平平你滿嘴蛀牙，不可以吃糖。」

婷婷拿著掃把掃地，平平在玩玩具。

玲玲：「叮噹，叮噹，我回來了。」

平平：「爸爸，我幫你拿包包。」

玲玲：「平平好乖哦！」

婷婷：「吃飯了。」（小桌子上擺著樹葉當菜）

平平：「好好吃哦！」

玲玲：「我先回家，我媽在叫我。」

　　上述三位幼兒在家門口遊戲的例子，就如本章前提及的，嬰幼兒在家裡自然地獲得語言的情境，常是充滿了可玩和可說的經驗或資源，幼稚園裡也需充滿了可玩和可說的經驗或資源，並讓幼兒經常有自由遊戲的時間，以引發幼兒同儕間的交談和溝通。

　　幼兒約自兩歲起即常進行各種語言的遊戲，包括：聲音的遊戲（將無意義的音節重複串連在一起）、造句遊戲（將相同文法領域的字相互替換）、和語意遊戲（以玩笑和相關語有意地扭曲語意），這類語言遊戲讓幼兒練習語言的節奏，並能增進幼兒的內在語言知覺，認識和分析自己的語言形式和規則的能力 (Christie & Johnsen, 1983； Smith, 1988)。而在遊戲的社會互動方面，幼兒在遊戲中與同伴自然交談的過程中，可經驗到語言獲得所需要的下列情況

(Ervin-Tripp, 1991)：

1. 語言的交換能引發動機，引發學習者的注意。
2. 語言的輸入 (input) 是可理解的，其語言形式或表達的想法只稍微先於學習者現有的知識，不會太難，使學習者聽到語言形式（字、詞、句子），而同時能瞭解情境和推論語言的意義，並利用對方的語言示範，改變自己的語言系統。
3. 學習者能從事一對一的語言交換，在自然的情境中練習產生新的語言形式，同時讓對方看到學習者所瞭解的，使得語言的輸入能微妙地調整，以符合學習者的知識和興趣。

幼兒與同伴一起遊玩時，常是有意義的語言經驗，因為同儕玩伴能提供接近幼兒程度的語言意義和形式，而提供幼兒彼此學習語言的機會，並練習他們在別處已學得的語言。幼兒在遊戲中使用和學習語言的方式，包括：

1. **模仿**

   在遊戲過程中，當相同的情境一再發生時，幼兒即模仿同伴的說話，例如，玩電話的談話時，幼兒常模仿對方的說話方式。

2. **談論情境**

   當幼兒玩某個玩具或物品時，常會隨著談起有關

那個玩具或物品的活動和動作，使得語言可被預測和瞭解。

3. **情境的推論**

幼兒進行日常的遊戲結構和形式，就像在家裡進行例行的家務一樣，能從例行的情境中推測新字和新詞的意義。

4. **可預測的談話架構**

在遊戲過程中，某些口語活動有內在的結構，其中有可預測的例行方式，例如，電話中的談話：「喂，好，再見」，呈現的談話架構是：問候──引介的交換──道別。

5. **修正**

幼兒在遊戲中的談話，常會彼此糾正語言的錯誤，演示正確的說話方式，而不直接說對方是錯的。

6. **交換和結合**

幼兒在遊戲中的談話，常會做有節奏的語音交換和結合，呈現語音的節奏和韻律。

透過如上述的方式，幼兒在遊戲中學習的語言特徵，包括：

1. **聲音**：約兩歲的幼兒常在聲音的遊戲中學習語

音，接著在遊戲中練習發音的轉換，例如，在扮演娃娃時，使用高音調說話，而在扮演爸爸或醫生時，則使用低音調說話。

2.**字彙**：在遊戲過程中，幼兒將外在經驗中所聽得的字彙，帶入遊戲中使用，與同伴分享，由於每個人的外在經驗不同，同伴因此互相成為學習語言的資源，例如，幼兒玩醫生的遊戲時，彼此學習有關醫藥的字彙。

3.**社會的人物**：幼兒在遊戲中使用特定的字彙，常需要正確地扮演某一個社會角色（例如，聽起來像一個醫生或護士），幼兒對於這些角色的說話特徵是很敏感的，會試著呈現這個角色的音高、語調、字彙、句法、和談話方式。

4.**精級的句子結構**：幼兒在遊戲中的談話，常涉及有關要做什麼的指示、為玩具而爭吵、宣稱空間或某件東西的用途、或要求使用東西等，在這類語言交換的過程中，幼兒常運用有關時間或因果的連接詞（如：以後、因為）等較複雜的句子結構，顯示幼兒正在察覺對話的組織。在與同儕談話中，幼兒較可能運用這些技巧，而當幼兒與大人談話時，大人常會主導談話的組織、時間、和內容，以及設計要做什麼和定義談話的情境。

5.策略的語言：幼兒在遊戲中使用的社會技巧，包括：持續一個爭論、幫助別人解決爭論使遊戲能繼續、互相照顧、和說服其他幼兒合作等，這些技巧涉及語言策略的發展。在遊戲中與同儕互動談話，促使幼兒脫離自我中心，開始考慮到別人的觀點，練習語言的組織和商議，而發展會話的能力。

卡維 (Garvey, 1977) 觀察兒童的語言和遊戲，指出兒童在遊戲中與玩伴練習語言的溝通系統和規則，而成為更有效的溝通者。尤其在扮演遊戲或戲劇遊戲中，幼兒更能練習語言的溝通方式。約二歲至七歲的幼兒，處於皮亞傑 (J.Piaget) 所謂之認知發展的運思前期，表象的 (representational) 能力逐漸展現，即開始從事「假裝」(as if) 的扮演遊戲或戲劇遊戲，扮演各種角色的情境、對話、或行動。幼兒在二、三歲時，戲劇遊戲常是獨自進行的，約從三歲以後，就漸趨向於多人一起進行的社會戲劇遊戲 (sociodramatic play)，遊戲的主題是由兩人以上共同協調，彼此透過語言和行動產生交互作用，常見的扮家家即是典型的社會戲劇遊戲方式。

社會戲劇遊戲中使用的語言，可替代物體、替代行動、和敘述裝扮行動的關係，幼兒從社會戲劇遊戲

中可練習兩種口語溝通型式(Smilansky, 1968)，一種為扮演的溝通(pretend com^{munication})，是屬於遊戲架構內角色之間的溝通對話，例如：「老闆！我要買一瓶牛奶。」「媽媽！我要睡覺了。」；另一種為後設溝通(metacommunication)，遊戲者暫時跳開遊戲架構去溝通遊戲本身（即有關溝通的溝通），是有關遊戲情節的計畫（如：「我們先吃飯，然後一起去逛街！」）、角色的分配（如：「你當媽媽，苓芝來當小孩好嗎？」）、物體的扮演（如：「我們用這些毛線當麵條，怎麼樣？」）和玩伴之間合作的溝通協調（如：「當醫生的人要幫病人看病，護士要假裝幫病人打針哦！」）

再者，卡維 (Garvey, 1977) 在一所幼兒學校的實驗室觀察幼兒的戲劇遊戲，而分析出扮演的五種口語溝通型式：

1.扮演的否定

幼兒將正在進行的扮演狀態轉換回「此地和此時」（如：「我不再是壞人了，不要推我了，我不再是壞人了。」）

2.扮演

幼兒呈現行動、姿勢、態度、或音調等，以表示他或她的扮演身分。

3.遊戲信號

例如,格格地笑、露齒而笑、眨眼睛等,以代表一種遊戲取向的選擇。

4.程序的或預備的行為

藉以正確地分配物體(如:「這是我的電話」)、確定權利(如:「我沒有輪到」)、或陳述互動的方式(如:「你要和我玩嗎?」)。

5.扮演轉換的明白陳述

遊戲者的口語轉換包括下列七種不同的類別:

(1)陳述玩伴的角色(如:「你要當新娘嗎?」)

(2)陳述他自己的角色(如:「我是一個老師。」)

(3)陳述他們共同的角色(如:「我們兩個人都當媽媽。」)

(4)陳述玩伴的計畫(如:「假裝你要睡覺了。」)

(5)陳述他自己的計畫(如:「我要去市場買菜了。」)

(6)陳述他們共同的計畫(如:「我們一起去看電影。」)

(7)轉換或虛構物體(如:指著空盤子說:「這些是水餃。」)

就如這個觀察研究所顯示的,扮演的戲劇遊戲提

供幼兒許多口語溝通的經驗，因此戲劇遊戲宜成為幼兒在幼稚園生活中的日常經驗。

三、老師和幼兒的互動

幼兒在遊戲過程中，主要是與幼兒同儕間的語言交換，而在幼稚園的日常生活和活動中，老師扮演的則是輔導幼兒語言發展和充實幼兒語言經驗的成人角色。一般而言，在幼稚園裡，參照每位幼兒的發展水準和個別需要，老師須維持下列三種角色功能的平衡（參見表 3-1：有關幼兒語言發展的教師行為）：

1.示範者

以平緩的速度和清晰的聲音簡短地說話，示範語言的溝通和如何溝通，包括：發音、語調、文法、句型、傾聽、說話的態度和禮貌、配合的動作、對語言的好奇和關切、以語言解決問題等。

2.提供者

提供一個接納的班級氣氛和團體情境，讓幼兒有說話的需要，提供幼兒許多說話的機會和資料、以及引發談話的設備材料和日常活動；老師注意傾聽幼兒說話，或給予身體的接觸（撫摸、擁抱），藉以增進幼兒說話的信心。

3.互動者

老師每日和幼兒個別交談，注意傾聽幼兒說話，瞭解幼兒的興趣所在，適時地問問題，激發幼兒交談，對於幼兒所說的話表現驚奇，並適時給予回饋，確定幼兒說的話，或幫助幼兒說出想法，增強幼兒說話的動機和信心。

表 3-1：有關幼兒語言發展的教師行為

（引自 Machado, 1980, p.64）

示　　範	提　　供	互　　動
說話	機會	集中注意
語調	活動	問問題
聲音的高低度	設備	激發
態度	材料	計畫中的重複
動作	談話	回饋
文法	資料	增強
句型	說話的需要	利用未計畫中的事件
禮貌上的話	團體情境	傾聽
傾聽	傾聽	表現驚奇
發音	一個接納的班級氣氛	注意幼兒的興趣
熱心	身體的接觸	確定幼兒說的話
關切	多樣性	聯結新舊的學習
問題解決		每日個別的交談
好奇		擴展興趣
		促進探索
		幫助幼兒說出想法

老師與幼兒的互動過程中，老師自身的語言行為
須注意到四個方面——傾聽、說明、發問、和回饋：

1.傾聽

老師注意傾聽幼兒說話，對幼兒和老師都有其意
義。對老師而言，可藉以瞭解幼兒的想法和情感；對
幼兒而言，則可讓其有被接納、被尊重的感覺，而更
有信心表達自己。因此，幼兒說話時，老師最好放下
手邊的工作，蹲下身來注意傾聽，讓幼兒知道老師正
在專心聽他說話。

2.說明

這裡所謂的說明，並非是講述知識，而是在活動
過程中，老師適時給予幼兒需要的說明，例如：告訴
幼兒物品的名稱、述說一件事情、或提醒某一項常規
等。老師向幼兒說明某件事物時，宜注意下列要點，
藉以讓幼兒更能瞭解老師的話：

- 以自然的說話方式，避免誇張、做作、或故作兒
  語。
- 一面說明，一面得同時呈現有關的具體事物。
- 語句簡明、扼要，語氣沈穩、柔和，速度平緩。
- 盡量蹲下或坐下來，和幼兒面對面說話，以增進

幼兒的注意力，並隨時留意幼兒的反應。

• 清楚、簡短地說，避免在一個句子中，放入太多想法。

• 儘量給予幼兒正面的建議，告訴幼兒做什麼（如：「球要丟在籃子裡」、「畫圖要畫在紙上」），而避免只給予否定的禁止，告訴幼兒不要做什麼（如：「球不可以丟人」、「不准畫在牆壁上」）。

3.發問

在幼兒日常生活和活動過程中，老師透過發問激勵幼兒思考和語言表達。發問時避免只問些封閉式的問題，即只要求幼兒依靠記憶、知識、或偏好回答某個特定的答案，例如：「這是什麼顏色？」、「這是什麼形狀？」、「那一個球最大？」、「這張紙是長長的，對不對？」、「紅色加黃色，會變成什麼色？」，這類問題限制了幼兒思考和語言表達的機會。

老師的發問，宜儘量問的是有選擇性、有多種可能的答案、或沒有固定答案的開放式問題、預測的問題、或關係的問題 (Sigel & Saunders, 1979)。例如：「你看到了什麼？」、「如果……，結果會怎麼樣？」、「你最喜歡什麼？為什麼呢？」、「你為什

麼認為……？」、「這是怎麼發生的？」這類問題可讓幼兒依循他們自己的經驗和想法，自由發表自己的意見或感覺，而老師也開放地接納每位幼兒各種不同的回答，不隨意加以駁斥或批評。

4.回饋

　　給予幼兒回饋的意義，並非只是稱讚幼兒某些表面的成就，而是運用明確的語言和動作，反映幼兒的行為或情感，讓幼兒更肯定自己、建立自信心，而更有信心表達自己。教師在給予幼兒回饋時，宜注意下列要點：

- 客觀地述說幼兒正在做的事情，例如說：「小菁！你把整張紙都塗黑了」，而不是任意地批評或論斷，例如說：「黑鴉鴉一片，好難看哦！」
- 以明確的語詞，具體地認可幼兒的行為，例如說：「秀玲！你今天能自己收玩具了」，而不是只籠統地說：「秀玲真是個乖寶寶！」
- 注意幼兒的情緒反應，幫助幼兒澄清心裡的感覺，例如說：「我知道你很生氣，因為你的玩具被人搶走了」；「你的杯子不見了，你覺得很難過」。

　　在幼稚園裡，針對幼兒日常不同的語言表現，老

師與幼兒的說話和輔導方式有下列不同的重點(Beaty, 1990；Machado, 1980, pp.139-142)：

1.針對不說話或很少說話的幼兒

- 讓幼兒覺得輕鬆、舒適、沒有壓力，產生說話的信心。
- 讓幼兒清楚地看到你的臉和嘴。
- 蹲下身來，直接面對著幼兒說話，與幼兒保持眼神的接觸。
- 當你說話時，使用簡單的表情手勢和眼神顯示意義。
- 注意幼兒非語言的反應，幼兒的表情或身體動作可能顯示其興趣、害怕、或其他事情，配合情境，對幼兒說話，例如：「這是球」；「狗不會咬你」；「你要一塊餅乾嗎？」
- 對不說話的幼兒緩慢地說話，強調關鍵字（例如：某個名詞或動詞），如果幼兒似乎聽不懂，重複再說。
- 如果你聽不懂幼兒說的某一句話，以一個輕鬆的方式，重複幼兒所說的；如果幼兒再試一次，你仍然聽不懂，就請幼兒以動作表示，例如說：「指給我看看，小俐！」
- 讓幼兒玩模仿聲音、混合語詞、或重複押韻的字

等有趣的遊戲，藉以察覺語言的趣味性。

- 注意幼兒的興趣方向，如果他對某個活動或事物感興趣，以簡單的句子和他談這個活動或事物，例如：「小貓摸起來很軟」；「輕輕摸小貓」。
- 對幼兒的指示要簡單，例如：「現在是進教室的時間」；「把玩具放在盒子裡」，說話時同時配合使用手勢和動作。
- 以微笑、觸摸、或語詞證實幼兒的口語或非口語的模仿，讓他覺得他的努力是被重視的。
- 有些幼兒需要可撫抱的柔軟玩偶、柔軟地毯，讓幼兒覺得輕鬆和安全，產生說話的信心。
- 準備各式各樣的玩偶，常可激發幼兒透過玩偶說話，或自然地引發幼兒之間彼此談話。
- 如發現幼兒語音失調，則需要請專家檢查，是否有生理上發音器官的問題。

2.針對常只說單字句或簡單句的幼兒

- 配合幼兒說話的情境，擴展幼兒說的單字句或簡單句，例如，幼兒說「球」，你接著說「球上下地跳」；幼兒說「看車走」，你接著說：「是的，車走得很快」。
- 向幼兒示範如何描述物體和行動，例如：「紅球是圓的」；「狗要舔你的手」。

- 對幼兒述說你正在做的事，讓幼兒一面看到你正在做的事，一面聽到你描述事情的語詞。

- 在你的說話中，示範使用連接詞（如：和、或、但是、所以）、所有格（如：我的、我們的、你的、他們的、佩玲的）、或否定詞（如：不是、將不）。

- 幫助幼兒述說他的感覺，例如：「因為他拿走你的玩具，你覺得很生氣嗎？」

- 將幼兒以前學習的字和新的字彙一起使用，例如：「你的狗是一隻『獅子狗』，這隻狗是一隻『小獵犬』」；「這種『帽子』叫做『棒球帽』」。

- 當幼兒的興趣很高時，以簡單的問題提示幼兒發現，例如：「它摸起來的感覺怎麼樣？」

- 當一位幼兒試著說話時，耐心地等待，安靜地與他保持眼神的接觸，如果你對他所說的給予反應，他將再試著說。

- 以一種有耐心、感興趣的態度，接受幼兒結巴地說話，尤其當幼兒很興奮或在壓力之下，他可能很難將他的想法說出來。

- 避免直接糾正幼兒的發音或句法，而是給他一個正確的語句示範，例如，幼兒說：「牛奶，更

多，更多我」，你即接著說：「小祥要更多牛奶
」。

3.針對說話較熟練的幼兒

- 幼兒發言後，等待片刻，藉以容許和鼓勵他進一
  步說明或澄清剛才說的話，增進表達的內容。

- 在你說話的句子中包括適當的類別，以幫助幼兒
  形成概念，例如：「狗和貓是『動物』」。

- 問問題，提示幼兒注意辨明事物的特徵，看出什
  麼是相同的或不同的，例如問：「球和橘子，有
  什麼一樣的地方？」

- 在談話中示範一個句型之後，當幼兒對此句型的
  印象仍鮮明時，問幼兒一個簡單的問題，讓幼兒
  能模仿正確的句型，例如：「我想這個檸檬嚐起
  來是酸的」，「你嚐了檸檬，感覺怎麼樣？」

- 讓幼兒按序說出事情發生的順序：最先發生什
  麼、接著發生什麼、最後發生什麼。

- 對幼兒清楚地按序述說指示，例如：「你先去洗
  手，然後你可以拿一塊餅乾。」

- 在你的談話中使用位置詞，並用手指出位置，例
  如：「把玩具放在架子『上面』」；「謝謝你，
  把積木放進盒子『裡面』」。

- 在你的談話中使用形容詞（如：大、小、紅、軟

的）和比較詞（如：較多、較少、較短、最高），
例如：「是的，這個粉紅色娃娃是較大的。」

- 讓幼兒將簡單的口語消息告訴另一位教職員，例
  如：「告訴李阿姨，準備點心的時間到了」，以
  增進幼兒的口語記憶。

- 幫助幼兒發現原因和結果，例如，幼兒說：「鍾
  老師，我很怕臭蟲。」老師即問：「美玲，為什
  麼臭蟲讓你害怕呢？」

- 儘可能讓每位幼兒個別說話，例如，當幼兒們同
  時說話時，老師即說：「我想要聽每個人說的
  」；「淑珍，請你再說一次」；「松霖，接著由
  你告訴我們。」

- 提出每位幼兒曾貢獻和說出的想法，例如：「昨
  天馬明告訴我們……」；「秋月的想法是……
  」，以鼓勵幼兒說話的信心。

說話是相當個人的表現，同時又需要以社會能接
受的方式說話，尤其幼兒正當開始學習許多新的字
彙、句法、和語意規則，每位幼兒的發展情況和學習
速度不同，因此幼稚園老師更要有耐心和信心，參照
上述方式給予幼兒示範和輔導、與幼兒互動，讓幼兒
逐漸發展正確的語言使用方式。另一方面，還須提供

幼兒許多真實的生活經驗，例如：出外郊遊、進行烹飪活動，作為思考和談話的材料，老師須掌握每個機會擴展幼兒的字彙，讓幼兒練習運用許多新的字彙，增加其形成句子和描述事情的能力，使每個學習經驗都有發展語言的潛在性。

本 章 摘 要

　　幼兒在幼稚園的日常生活中，需有許多說話、交談、表達自我、和與人溝通的口語化經驗。幼稚園須延續著如家庭中自然的語言經驗，充滿可聽、可看、可玩、和可說的經驗或資源，鼓勵幼兒多作聽和說的口語溝通，並儘量採個別活動和小組活動的方式，讓幼兒經驗到語言使用的功能。

　　幼兒在幼稚園裡，須經常有自由遊戲的時間，引發同儕間的交談，在遊戲中與玩伴練習語言的溝通系統和規則，而成為更有效的溝通者。尤其在扮演遊戲或戲劇遊戲中，幼兒更能練習語言的溝通方式，幼稚園宜常提供幼兒戲劇遊戲的經驗。

　　在幼稚園裡，參照每位幼兒的語言發展水準和個別需要，老師須維持示範者、提供者、和互動者之三種角色功能的平衡。老師與幼兒的互動過程中，老師的語言行為包括：傾聽、說明、發問、和回饋。針對幼兒日常不同的語言表現，老師輔導幼兒的方式有其不同的重點，讓幼兒逐漸發展正確的語言使用方式。

第 *4* 章

幼兒的讀寫萌發

　　幼兒的寫字問題在幼兒教育界一直就像是一個巨大的陰影，在它的籠罩之下，幼教工作者很多方面的理想，尤其是想讓幼兒自在地遊戲、輕鬆地生活和長大的理想，常常很難實現，或者得實現得很辛苦。因為許多幼兒家長的殷切期望卻是：要看到孩子能坐在桌前、椅子上，拿著筆在作業簿的格子裡，一筆一劃地寫出一個個國字或注音符號；在這種期望中，寫字似乎是一系列的動作技能反應。在幼兒時期，讀寫文字的意義是如何呢？

　　讀寫 (literacy)，是指閱讀和寫字，亦即指書寫語言的運用過程。近代全語言的取向，強調語文過程應是建立於兒童對溝通系統的好奇心，和他們想要瞭解周遭世界的欲望，而兒童之讀寫的獲得 (literacy acquisition)，是與聽和說的口語能力一起統整地發展 (Salinger, 1988, p.69)。幼兒首先學習以表情和手勢與人溝通，接著學習口語溝通，然後學習以文字溝通，他們觀看並運用環境中的文字，而意識到讀和寫是與人溝通的新方式，幼兒的讀寫能力是在環境中逐漸萌發而展現。本章是在說明幼兒之讀寫萌發（或稱：萌發的讀寫）(emergent literacy) 的意義，及其在語文教育上的涵義。

一、讀寫萌發的意義

　　幼兒之口說語言的發展和學習，是一個自然進展的過程，並非經由外界刻意的教導而成；而近代有關幼兒讀寫發展的研究發現，幼兒學習書寫語言和學習口說語言一樣，也是一個自然進展的過程。幼兒在進入學校以前，已經從日常生活中接觸了文字的刺激，並主動地假設、驗證、發明、和建構與文字有關的讀寫知識，就如他們主動地學習口語的聽和說一樣。幼兒讀寫能力的習得，因此是一個自然地萌發呈現的過程，這種早期讀寫能力的發展，即稱之為「讀寫萌發」(emergent literacy)。

　　雖然有關幼兒讀寫能力的研究已有很長的歷史，

到了 1970 年代，才發展出「讀寫萌發」的概念 (Teale & Sulzby, 1989)。這方面的研究著重於從幼兒的觀點、而非成人的觀點，瞭解幼兒逐漸呈現和發展的讀寫行為。有關讀寫萌發的研究顯示，讀寫不只是學習一個認知技巧，而是一個複雜的社會心理語言活動 (sociopsycholinguistic activity)。

一般常認為幼兒在進入學校接受正式的教學之前，他們對於書寫語言所知很少或一無所知，然而，有關的研究顯示 (Harste & Carey, 1979; International Reading Association, 1986; Schickedanz, 1982)，學前幼兒即已從日常生活的文字接觸中（如：圖畫書、印有字的玩具積木），獲得下列有關語言和文字的能力或經驗：

1. 有關語言和文字的功能和應用，知道文字是用來溝通。
2. 有關語言規則的內化概念。
3. 能區別畫圖和寫字的不同，知道寫字時使用的線條特徵，不同於畫圖時所用的線條。
4. 能讀出生活環境中呈現的一些文字，例如：街道名稱、商店名稱、食物和飲料的名稱等。
5. 會將書本和閱讀聯結在一起。
6. 會期待著閱讀和寫字是有意義的活動。

7.開始試驗和塗寫字，能隨意塗寫出文字的某些線條特徵，如：直線、曲線、交叉線。

又根據國內的研究（李連珠，民 81 ），未接受正式認字寫字教學之三至六歲幼稚園幼兒，已經開始顯示出他們逐漸發展中的中國文字概念，以及他們對語言代表關係之各式假設；幼兒嘗試使用各種不同符號（包括：傳統中國文字、其他文字形式、圖畫、數字、注音符號、標誌、或英文字母）以表達不同意思，他們的書寫作品反映出他們對中國文字特質所做的各式假設與發明，而形式上有逐漸趨向傳統之勢，其中大多數幼兒之書寫形式接近中國文字結構，即使非正確中國字，也是外形近似。

幼兒在日常環境中，即經常接觸環境中的文字（如：商店招牌、電視節目、門牌號碼、交通標誌、或食物容器上的字），並經常運用材料（如：紙、筆、粉筆、黑板）隨意塗寫字。幼兒的父母經常回答幼兒有關文字的問題，和重複唸相同的故事書給幼兒聽，幼兒看到父母親收到信件，或讀出路上商店招牌、道路標誌，而察覺文字是一種看得見的語言 (Martlew, 1988)。仔細地分析，兒童對於口說語言和書寫語言的學習和發展過程，呈現出下列的相同點 (Temple, Nathan, Burris & Temple, 1988, p.10)：

1. 兒童通常都很主動地學習說話和閱讀寫字。

2. 兒童必須置身在語言和文字被有意義地使用著的環境中，才能學習說話和閱讀寫字。

3. 兒童學習說話和寫字，都是藉著假設、試驗、和逐漸修正有關語言運作和書寫系統的規則，而學會正確的說話和寫字方式。

4. 兒童能開始使用正確的說話和寫字方式，通常並非是直接教學的立即結果，而是經由逐漸的概念學習。

5. 兒童在學習說話和寫字時，必須有機會配合他個人各種不同的需要和目的，有意義地使用和發揮語言或文字的功能。

6. 口說語言和書寫語言兩者都是很複雜的事情，沒有人能完全地描述和說明它們的規則和內涵，因此我們無法藉著說明和解釋，教兒童學會說話和寫字，除非兒童運用他們自己的力量去學習。

　　讀寫萌發的觀點是將讀和寫視為一體，強調兒童在學習閱讀和寫字的過程中，就如同他們在學習說話一樣，是一個主動的參與者和建構者。兒童在學習口語時，常會發生錯誤，尤其是語法上的錯誤，反映出他們正嘗試運用著語言的知識，並試著從中尋找語言的規則。同樣地，兒童在閱讀或塗寫字時發生的錯

誤，也顯示兒童不斷地試著運用他對語法和語意的知識及規則，或根據字形的線索尋找文字的意義，或試圖建構、呈現字的樣式和特徵，有時為了保留自己所使用的規則和維持上下文的貫串，甚至連本來認識的字也可能會唸錯。其實成人在閱讀時，也是用相同的策略，因此，兒童在說話和讀寫時的錯誤，都同樣是有創意、有邏輯的表現（吳敏而，民80；Teale & Sulzby, 1989）。

兒童在日常環境中接觸圖書和文字，察覺文字的社會互動和溝通意義，而瞭解文字是如何運作的。根據克雷（Clay, 1976）的分析，兒童發現和瞭解文字如何運作的過程，是根據下列幾個原則：

1. 兒童首先瞭解到書寫語言（如：自己的姓名）是有意義的。

2. 兒童從觀察環境中的文字，認識到寫字是一再重複地使用少數幾個筆劃，而完成所有的書寫溝通。

3. 兒童發現到寫字是使用少數幾個筆劃，但是以許多變化方式而產生的，這種發現促使兒童自發地練習寫字，探索字是如何形成的。

4. 經由字形的探索試驗，兒童進一步認識到形成字的筆劃只能有限度地變化，兒童早期書寫的許多

錯誤都是這種適應的過程。

5. 兒童發現在日常的招牌、日用的盒子、或圖書上的字，似乎存有著某些次序或上下左右等方位的原則。

6. 兒童認識到畫圖和寫字的主要差異，經常將他們的圖畫命名，或將字和畫聯結在一起，這種行為顯示幼兒形成了符號概念，領悟到文字是特定地代表某些事物的符號。

　兒童在能正式寫字之前，常先在隨意塗寫字的過程中，試用上述這些原則。幼兒的文字經驗不是只學習一個認知技巧，而是一個複雜的社會心理語言活動，例如，白朗熱（Blazer, 1986）進入一所幼稚園進行一個學年的觀察和訪談研究，以下列問題訪問幼兒對於寫字的看法：

　(1)什麼是寫字？

　(2)什麼是畫圖？

　(3)寫字和畫圖是一樣的嗎？

　(4)什麼是好的寫字？

　(5)什麼是壞的寫字？

　(6)什麼是好的畫圖？

　(7)什麼是壞的畫圖？

　(8)為什麼人們要寫字？

(9)為什麼你要寫字？

⑽你在家裡（學校）寫什麼？

⑾什麼是一個字母？

⑿什麼是一個字？

⒀什麼是一個句子？

分析幼兒的回答，顯示幼兒對於寫字的概念，呈現了情感的、知識的、溝通的、和創造性的反應：

1.**情感的反應（幼兒對文字的情感）**

例如問：為什麼人們要寫字？

幼兒回答：因他們喜歡它。

　　　　　因為他們要寫字。

　　　　　因為他們要給人們東西。

2.**具體的知識（有關文字的具體樣式）**

例如問：什麼是寫字？

幼兒回答：你用一枝筆做的某個東西。

　　　　　作許多字母。

3.**結構的知識（有關寫字的溝通功能和意義，認識寫字是一個溝通的工具）**

例如問：什麼是寫字？

幼兒回答：當你把字和句子放在一起，用來說某件事情。

　　　　　它就像是寫下來的談話。

就是用字和句子告訴住在遠處的人們事情。

又例如問：為什麼人們要寫字？

幼兒回答：寫信給人們，寫事情，寫新聞，寫發生什麼事。

告訴人們事情。

4.創造性的反應（有關文字的想像性和抽象性使用，察覺溝通內容的變異性）

例如問：寫字和畫圖一樣嗎？

幼兒回答：一樣，因為這兩種，你都使用你的想像。

想像就是想著你不知道的事情。

幼兒的讀寫萌發，並非在真空的環境中進行，社會與環境在其中扮演著重要的角色，包括：環境中文字的分布、文字被使用的情形、以及個體間使用語文互動的情形。有關幼兒讀寫萌發的社會互動架構，主要是參照心理學家斐格夫斯基（L. S. Vygotsky）提出之「最近發展區」（zone of proximal development）的概念（Vygotsky,1978, pp.86－91）。斐格夫斯基認為在確定兒童發展與教學的可能

關係時，必須要確定兒童的兩種發展水準，一種爲兒童現有真正的發展水準，一種爲經由大人指引或與較有能力的同儕互動而可能達到的潛在較高發展水準，在兒童現有的發展水準與可能達到的較高水準之間的距離，即被稱爲「最近發展區」。

斐格夫斯基視學習爲一種深刻的社會過程，其過程只有在兒童與周遭人們互動、與同儕合作之時才能運作，讓其超越他的現有發展水準。參照「最近發展區」的概念，採用鷹架法（scaffolding）的學習環境，讓幼兒在真實環境或遊戲情境中，有探究和自學的機會，並獲得同儕和老師的社會支持及鷹架維持，以獲得成功的經驗。

當代大多數讀寫萌發的研究，即和「最近發展區」的概念相配合（曹峯銘譯，民80）。例如，成人讀故事給幼兒聽，在幼兒的發展區產生作用，在這個歷程之中，有些事情是這位幼兒已經知道的，如：故事的概念、插圖以及插圖和故事的關係、或插圖與文字的相關性。針對幼兒已「有準備」的發展水準進行教學，依照斐格夫斯基的說法，就是對「昨天的發展」教學。但是還有一些是這位幼兒即將到達而尚未到達的區域，如：能夠預期、以及將經驗和文章做關連等，在幼兒不能獨立運作的這個區域，成人則做爲

幼兒和圖書文字之間的「中介者」（mediator）。中介（mediation）著重成人與幼兒的互動，而不是教師單方面的直接教導和反覆練習。

二、教育上的涵義

從萌發的觀點看幼兒早期的讀寫能力發展，不同於過去傳統上語文教學所持之閱讀準備度 (reading readiness) 的概念（曹峯銘譯，民 80）。在 1900 年代早期，傳統的閱讀準備度概念來自於吉賽爾(A. Gesell) 發展成熟度的觀點，強調成熟是閱讀準備度的先決條件，認為兒童有某個發展的時刻，突然開始學會讀和寫，而讀寫的學習有其必備的技巧和成人預設的標準，因此要等待兒童已經準備好開始閱讀，才能學習閱讀。

1950 年代和 1960 年代，由於許多認知發展的研究顯示，幼兒期是認知發展的關鍵期，因而等待成熟的概念受到質疑，有關閱讀準備的課程與教學即轉向積極，其內容常包括：聽覺的辨別與記憶、視覺方位的辨別與記憶、字詞辨認、眼手協調、和其他一般感覺運動和認知的技巧（如：分類語音、字形、和字

義，認識部分和全體的關係等）(Robison &
Schwartz, 1982, p.253; Spodek,Saracho & Davis,
1987, p.258)。但這些方式卻是傾向於行為主義的教
學模式，感覺運動技巧和一般的認知技巧都被假設可
轉換成閱讀技巧，所以兒童即需接受一系列在假設上
與閱讀有關的感覺運動和認知技巧的訓練和教導，以
習得讀寫的能力。然而，有關兒童由感覺運動和認知
技巧中能發展閱讀技巧的證據很少，反而有更多的證
據顯示，有特定閱讀經驗的兒童確實能發展閱讀技
巧，換言之，他們是從閱讀中習得閱讀（曹峯銘譯，
民80）。

當代興起之讀寫萌發的概念，是從幼兒的角度，
認為讀寫是在真實的生活情境中逐漸發展的，讀寫發
展是個體與周遭社會互動的過程，幼兒在此過程中尋
求文字使用的意義；例如，幼兒在日常生活中看到大
人看報紙、寫卡片、看著食譜烹飪等，而察覺到讀寫
的目的和文字的功能。因此，幼兒的讀寫發展，並不
是學習一組抽象和孤立的技巧。

參照前述斐格夫斯基之「最近發展區」的概念，
幼兒需要在真實環境或遊戲情境中，有探究和自學的
機會，並獲得同儕和老師的社會支持及鷹架維持，幼
兒教室中的讀寫經驗可包括：非正式的學習和探索機

會、互動與分享式的學習事件、說故事和遊戲、以及
將作業、概念、背景知識和興趣交織在一起的機會。
斐格夫斯基(Vygotsky, 1978, pp.116-119)明確指出
有關幼兒讀寫經驗的三個應用原則：

1. 幼兒的讀寫經驗應被組織成幼兒需要的方式，這
   些經驗須與幼兒的生活有關，是有功能的，對幼
   兒有用的。

2. 讀和寫應對於幼兒是有意義的、真實的，在幼兒
   心中產生讀寫的內在需要。

3. 讀和寫須自然地進行，讀寫活動應在幼兒的遊戲
   過程中進行，讀和寫是被栽培的，而不是強使
   的，讀和寫的活動要在幼兒的生活環境中適當運
   作，讀和寫應成為幼兒遊戲中所需要的。

　　幼兒是主動的語文知識建構者，幼兒讀寫能力的
習得，是一種內發的認知過程，在達成傳統的讀寫形
式之前，幼兒對於所接觸或使用的文字，常會產生各
種假設和嘗試，這樣的嘗試宜多予鼓勵和支持，並且
多提供自發性的語文活動和語言情境，讓幼兒主動建
構和探索文字規律的策略，反覆調整他們對於讀寫的
概念系統，在閱讀中學習閱讀，在寫字中學習寫字。

本 章 摘 要

　　幼兒學習書寫語言和學習口說語言一樣，是一個自然進展的過程。幼兒從日常生活中接觸文字的刺激，並主動地假設、驗證、發明、和建構文字有關的讀寫知識，而自然地萌發和展現讀寫能力，稱之爲「讀寫萌發」。

　　讀寫萌發的概念著重從幼兒的觀點、而非成人的觀點，瞭解幼兒逐漸呈現和發展的讀寫行爲。讀寫萌發的觀點是將讀和寫視爲一體，強調幼兒在學習閱讀和寫字的過程中，是一個主動的參與者和建構者。

　　讀寫萌發的概念在教育上的涵義，強調幼兒需要在眞實環境或遊戲情境中，有探究和自學的機會，並獲得同儕和老師的社會支持及鷹架維持。幼兒的讀寫經驗應被組織成幼兒需要的方式，讀和寫應對幼兒是有意義的、眞實的，讀寫活動應在幼兒的生活環境中適當運作，讓讀和寫成爲幼兒遊戲中所需要的。

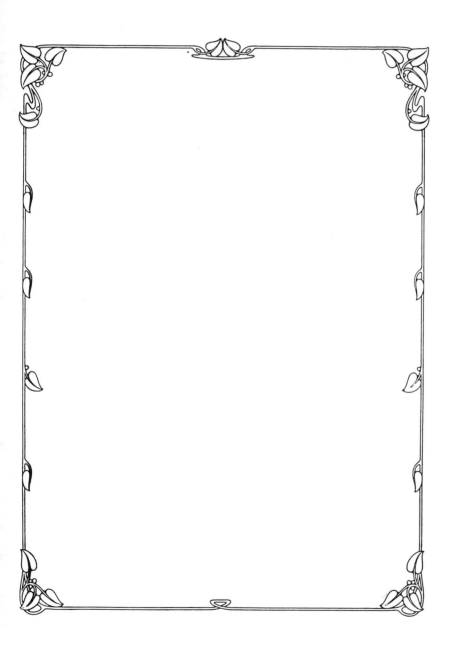

第 *5* 章

幼稚園裡的讀寫經驗

　　有關幼兒在幼稚園裡學習讀寫的文獻中，存在著兩種相對立的教學理論 (Salinger, 1988, p.68)，一種是傳統的正式教學取向，認為知識存在於外在的實體，而強調在大人預定的程序中，有系統地教幼兒重複練習孤立的讀寫技巧，例如：記誦詞彙、複述書中的句子、重複抄寫字；另一種則是基於皮亞傑 (J. Piaget) 的知識建構論，認為知識是經由個體與環境的互動過程中建構的，學習者必須置身於一個能產生這種建構行動的情境中，幼兒如要建構有關讀寫文字之意義的知識，即須顯露在真實的、豐富的、對其有意義的文字經驗裡。

　　筆者在幼稚園老師進修班教課時，曾問該班九十多位曾任職或仍在職的幼稚園老師：「何謂語文教材

教法？」請她們根據自己在幼稚園的經驗寫出三個特徵。從她們的回答顯示，在她們的教學經驗中，語文教材教法傾向於傳統的正式教學取向，著重於教幼兒練習一些孤立的讀寫技巧（如：唸誦單元兒歌讀本，先讓幼兒將讀本的課文讀熟，然後解說課文意義，認識字的意義；認字卡，先示圖，再舉出文字要幼兒唸幾遍，再反覆，直至會看圖即能認字）（黃瑞琴，民79）。相形之下，讀寫在日常生活中溝通與表達的意義，在這些幼教老師的語文意識中似乎並不明顯和重要。

本章參照第四章所述幼兒之讀寫萌發的概念，闡述幼兒在幼稚園裡需要有真實的、豐富的、對其有意義的讀寫經驗，讓幼兒從中建構有關讀寫文字之意義的知識。

一、非正式取向的讀寫經驗

書寫語言的獲得類似於口說語言的獲得，需要有適當的社會環境和物理環境，幼兒在幼稚園裡，不是只等待書寫語言自然地萌發，但幼稚園也不需過早實施正式的教學，而宜採行如父母親在家裡提供幼兒閱讀和塗寫經驗的過程和內容，透過非正式取向的讀寫

方式(Schickedanz, 1982)，讓幼兒置身於豐富的文字環境中，亦即使幼稚園裡的文字環境家庭化，讓幼兒得以聯結家裡和幼稚園裡的讀寫經驗。

幼兒在家裡的讀寫經驗，是時時刻刻與其父母、兄弟姊妹、或其他家人互動，幼兒在試驗或嘗試讀寫時，常能獲得非正式的指正、解釋、或其他回饋(Leichter, 1984)。當幼兒問問題、述說、和試驗他的預感或想法時，家人給予的說明、支持、和鼓勵，持續地引導著幼兒澄清有關讀和寫的概念。以寫字為例，參照有關的研究 (Sulzby, Teale, & Kamberelis, 1989)，幼兒在家中萌發寫字概念的過程，呈現出下列特徵：

㈠幼兒在家裡的寫字事件常是短暫的，它即來即去。

幼兒常在這裡塗塗、那裡寫寫，他們可能將塗寫的幾條線稱為一個故事，然後又將那些同樣的線條稱為給祖母的一封信。幼兒常可能探索寫字幾天或幾星期，然後似乎為了另一個興趣（如：搭建積木、捉迷藏、或扮家家）而捨棄它；然後，他們的興趣可能又回到讀寫的其他方面（如：唸故事書）；然後，他們可能又再開始塗寫字。幼兒在讀寫活動的興趣是短暫的，同樣地，幼兒使用各種書寫的形式也是短暫的，畫畫、塗寫的形式可能被使用、捨棄，然後又再被使

用。

㈡幼兒的寫字代表著他們的力量，是與父母或其他大人磋商的。

幼兒的隨意塗寫字，常被看作是發展其自我意識和力量的一個記號，如果拿給十八個月大的幼兒一枝筆，他即在紙上（或其他任何手邊的東西）塗寫，看著自己塗寫出來的痕跡，被它所吸引，然後再繼續塗寫。這種塗寫的吸引力，似乎顯示幼兒逐漸察覺他們自己是作用者 (agents)（能使事情發生的人），塗寫因而成為作用者的自我和力量的一個象徵。

在家裡，常有許多寫字的材料，父母或其他大人在幼兒的面前寫字，也常鼓勵幼兒寫字，指導幼兒如何寫他們自己的名字或一般的字。再者，父母常教導幼兒故事書是什麼、如何拿持故事書、或約束幼兒不要在家中所有的東西上寫字，這種商議的意識影響著幼兒讀寫的發展。

當幼兒試著寫字時，父母常試著幫忙，但是幼兒有時會拒絕這個幫忙，父母可能即停止幫忙；幾天之後，幼兒自己試著寫字，沒有父母從旁幫助，幼兒先會感到挫折，不久，幼兒可能超越挫折，塗寫他要寫的字，然後很高興地將他們所寫的拿給父母親看，這個過程顯示幼兒正在使用個人的力量。第二天，幼兒

的母親可能建議她覺得幼兒較容易寫的字，這時，幼兒可能接受他先前拒絕的建議，將大人的幫助視作發展的一個暗示，而不是一個催促。幼兒探索著寫字，常遭遇到成功和失敗，這兩者伴隨著幼兒朝向更高層次的讀寫發展。

㈢幼兒的寫字採用許多形式。

在家裡，幼兒使用許多不同的寫字形式：畫畫、塗寫、或組合字形。兩歲的幼兒常在家裡塗塗畫畫，並且逐漸區分他們的塗畫是為了寫字、或是為了畫畫，當他們的畫畫開始顯得可辨認，他們的塗寫也開始看起來更像寫字。許多三、四歲的幼兒在塗畫時，開始使用如同字的圖樣線條，也可能開始產生形式上的字，例如：他們自己的名字、媽媽、爸爸等。

㈣幼兒專注於多媒體的建構，其過程可能花許多天才完成。

幼兒在家中，常快速地塗寫在一張報紙上或父母的購物單一角，也可能長時間地專注於多媒體的建構，例如：使用紙和紙箱建構房子，畫裝飾物，然後在上面塗寫字。這種多媒體的建構活動，激發幼兒對於讀寫的思考張力，而增進幼兒的讀寫發展。

㈤幼兒使用寫字作美感的表達。

幼兒在探索寫字時，他們可能轉換字形或字樣，

作為美感的表達方式。

　　家庭裡的讀寫事件是有意義的、功能性的，因為它們自然地發生在日常事件中，不脫離更廣泛的語言情境，大都是幼兒自發而起、自我引導的，父母或其他大人常會給予幫助，大人和幼兒的關係是合作的夥伴，而不是有意的教導。幼兒在家裡或出外時，由大人或幼兒自己引發的讀寫事件（引自 Salinger, 1988, p.73; Schickedanz et al., 1990)，例如：

- 爸爸應女兒的要求，唸書給她聽。
- 哥哥應弟弟的要求，為他唸一本書。
- 媽媽為幼兒唸餅乾盒上的說明，看看餅乾是否過期。
- 讓幼兒在書架上找一本特定的書（幼兒利用封面辨認書）。
- 媽媽照著食譜烹飪時，讓幼兒跟隨著看食譜上的指示。
- 幼兒問街道上一個牌示或標誌在說些什麼。
- 要幼兒「讀」一個熟悉的牌示或交通標誌。
- 幫媽媽把衣服放進洗衣機裡，媽媽協助他辨認洗衣機按鈕上「冷」、「暖」、和「熱」的字。
- 拿取信件，試著看是不是有給他的信，媽媽拿給幼兒看寫著他的名字和地址的一封信。

- 翻看星期天的報紙，看連載漫畫和玩具廣告。
- 在雜貨店，要媽媽唸出貼在蔬菜上的標示。
- 查看媽媽已寫的邀請來參加生日宴會的朋友姓名。
- 到戲院看「睡美人」，問媽媽銀幕上的字是說些什麼。
- 學媽媽一樣，用一根尺畫線做家庭預算，要媽媽幫他，為他做的預算寫些字。
- 跟爸爸到銀行，在存款單的背面寫字，好像在做交易，要爸爸幫他寫「銀行開」和「銀行關」。
- 媽媽準備晚餐時，幼兒在廚房玩侍者的遊戲，媽媽在一張紙上寫她想喝的飲料，幼兒圈出爸爸要點的飲料。
- 要求媽媽在一張圖畫上轉寫一個故事。
- 以圖畫或寫字在日曆上標示日期，表示即將到來的事情。
- 塗寫一封信給爸爸。
- 媽媽應幼兒的要求，做一本空白的書讓幼兒畫和寫（像是一本書）。
- 要爸爸寫他的朋友「正傑」和「成昌」的名字，讓他照著描寫。
- 父母建議幼兒在用過的信紙上，寫一封信給祖父

母。

　　如上述許多事例所顯示的，幼兒在家中的讀寫行為是主動發生的，並非經由正式的教導。家中有豐富的讀寫材料，讓幼兒試驗讀或寫的行為，父母常閱讀各種書報雜誌，也鼓勵幼兒看書，認可他們正在做的讀寫事件，並反應幼兒提出之有關讀寫的問題。幼兒在家中的讀寫事件常是有作用的，關聯到真實的生活情境，成為日常家庭功能的一部分；而不是像一般學校的讀寫教學，是由老師主導和指定一羣幼兒同時進行，老師在心中預存有特定的目的和結果，幼兒被期望表現這些特定的目的和結果，很少讓幼兒引發或引導讀寫事件。

　　如一一比較家庭和學校的讀寫事件，更可察覺其中非正式和正式取向的差異。以閱讀經驗為例，父母經常為坐在他們膝上或坐得很近的個別幼兒或兩三位幼兒唸書，老師則常是為坐在遠處的一羣幼兒唸書；父母讓幼兒自己選擇要唸的書，並且在幾個星期或幾個月的期間，為幼兒一再重複地唸相同的書，老師則經常自己選擇要為幼兒唸的書，並且只唸一次，很少持續一個星期或一個月；父母讓幼兒自己翻書頁、停下來看圖畫或問問題、或沿著文字一直唸下去，老師則經常自己設定唸的速度、翻書頁；父母讓幼兒經年

累月地接觸書，老師則沒有讓幼兒長時期接觸書，尤其是借自圖書館的書，必須在短期間立即歸還。

　　雖然幼稚園老師不可能完全採用父母的方法，但可參酌幼兒在家裡非正式取向之讀寫經驗的特徵：自我調節的、個別化的活動、經常性的同儕互動、和充實的讀寫材料 (Morrow, 1989a, 1989b)，應用在幼稚園教室的情境。以寫字經驗為例，白朗熱 (Blazer, 1986) 進入一所實施非正式取向寫字方案的幼稚園，進行一個學年的觀察和訪談研究，這所幼稚園有充實的讀寫材料，並設置有「寫字角」，讓幼兒自發地探索、塗寫字，並且互相談論寫的過程。白朗熱用錄音機錄下幼兒的談話，發現幼兒在自發的塗寫過程中，同時與別人談論其寫的字及進行同儕互動，具有下列三種作用，可幫助幼兒組織和建構其寫字的經驗：

1.澄清：幼兒之間彼此澄清和商議有關寫字的規則。
2.協調：幼兒之間彼此協調和建構寫字的意義。
3.評鑑：幼兒彼此分享、比較、和評鑑寫字的成品。

　　這顯示幼兒開始寫字過程的社會互動性，而不只是一個被正式教導下的孤立技巧。

二、有意義的讀寫情境

　　從讀寫萌發的觀點著眼，幼兒對於讀寫文字的發展，必須經由「有意義」的讀寫概念和行為，以及與周遭環境「有意義」的互動經驗，這種意義並非教幼兒一些認字或寫字本身的意義，而是認識文字在真實情境中使用的運作意義和溝通功能。從讀寫萌發的觀點看，幼兒在幼稚園裡的讀寫經驗，須符合下列幾個原則(Harste & Woodward, 1989; Strickland, 1989; Teale & Sulzby, 1989)：

- 著重於幼兒自發的興趣和好奇心。
- 統整語文的過程（聽、說、讀、寫）。
- 讀寫活動是有功能的、有意義的，幼兒有能力和願意參與。
- 幼兒每天有機會試驗讀寫，教室充滿各種文字材料，讓幼兒互動或獨立地探索。
- 著重幼兒的主動學習，而不僅是老師的教導。
- 讀寫應被視為分享意義、澄清思想、和探索世界的一個媒介，而不是教導讀寫技巧的一個工具。
- 讀寫經驗統整於整體的課程中，而不是一系列單獨的活動。

在幼稚園裡有意義、功能性的讀寫情境，其實施方式可參照下列要點 (Schickedanz et al., 1990; Sulzby, Teale, & Kamberelis, 1989; Teale & Sulzby, 1989; Temple, Nathan, Burris, & Temple, 1988, pp.48-52)：

㈠提供幼兒有意義的學習經驗

一羣幼兒生活在一起的教室情境，比一般典型的家庭佈置，更能讓幼兒看到文字在環境中被有意義地使用，或讓幼兒有意義地使用文字。將讀寫經驗融入日常的教室情境和活動裡，幼兒置身在豐富的文字媒介中，文字被唸給他聽，或是他們自己有機會產生文字。例如：

- 教室的桌椅、櫃子、傢俱都分別貼上其名稱的標示。
- 在幼兒的衣物櫃、圖畫、和作品上寫幼兒的姓名，或讓幼兒自己塗寫姓名。
- 讓幼兒描述其作品的名稱或標題，老師幫他寫在作品上。
- 以圖表和文字展示每日小助手的名字和工作內容。
- 以圖表和文字展示遊戲角的名稱、人數、行為規

則、和使用設備材料的程序。

- 教室中的圖表和文字（如：日曆、教室的規則、幼兒的生日、佈告欄），需靠近幼兒的視線高度，文字清楚、夠大，讓幼兒容易看見。

- 老師指著教室中展示的字唸給幼兒聽，讓幼兒認識到大人唸的話，是來自於文字而不是旁邊的圖畫。

- 讓幼兒看到老師用寫字來溝通事情和傳達訊息給別人，並且向幼兒說明老師正在做什麼，例如：「小朋友看，我正在寫通知單給你們的爸爸媽媽，告訴他們星期六我們要去郊遊，看到嗎？我現在開始寫，『親愛的家長……』」

- 老師在幼兒面前使用教學備忘錄，例如，記下早上團體時間要提到的事項，並對幼兒說：「讓我看看單子，是不是記得告訴你們我要提到的每件事。」

- 謝謝來幼稚園的訪問者，在大張紙上寫出每位幼兒說的感謝的話，並讓幼兒在紙上簽名、塗寫他們的姓名、或畫圖表示他們的感謝心意。

- 每位幼兒有一本空白的筆記本，讓他們每天在上面畫畫或隨意塗寫字。

- 接受幼兒使用的書寫形式，簡單和直接地建議幼

兒寫字，例如建議幼兒：「寫一個故事」、「寫一封信給你祖母」，並鼓勵幼兒：「不必像大人寫的一樣，就用你自己的方式寫」，然後對幼兒說：「請唸你寫的給我們聽」。

(二)統整聽、說、寫、讀的語文過程

讓幼兒從聽、說、寫、讀的過程中，意識和體會文字的功能，幼兒察覺從說的話轉到寫的字，再從文字讀出其意義，其中過程涉及：

- 我心中想到的事情，可以說出來給別人聽。
- 我說出來的話，還可以寫成文字，讓別人看。
- 我寫的字或別人代筆幫我寫的字，又可以讀出來，讓別人聽。

例如，一位幼稚園中班的小女孩，畫了兩張畫，表現自己看熱帶魚的經驗，接著的過程即是：

- 幼兒將畫中的意思，說出來給老師聽。
- 老師將幼兒所說的話中，最重要的幾句話寫成文字，縱使那句話可能並不通順，亦予以保留記錄。
- 老師再指著所寫的字唸給幼兒聽，或讓幼兒跟著老師認唸自己剛才說的話所轉寫成的字。

將這兩張畫，再加上一張封面（寫上幼兒的姓名

），和一張白紙做封底，即成為幼兒的自製書（參見圖 5-1，圖中只呈現由幼兒說、老師代筆寫的字，幼兒的畫則略去）。

熱帶魚
　臉上長
　　"泡泡"

　　　吳欣宜

（封面）

從前……
有一隻小熱帶魚住在大海裏。
它很喜歡大海，
因為大海裏有很多波浪。
它也很喜歡吃泡泡糖。

（第一頁）

有一天，它遇到了一隻小魚，
就對小魚吹泡泡糖，
小魚聞到臭味，趕快跑走了。
結果，熱帶魚用力吹了一個
有毒的大泡泡，
臉上就長出許多紅紅小小
的泡泡。

（第二頁）

佳　　佳
幼　稚　園

（封底）

圖 5-1．幼兒的自製書

（由幼兒說、老師代筆寫的字）

接著另一個聽、說、寫、讀的例子，是幼兒出外郊遊前、後，在幼稚園裡的團體討論：

- 郊遊之前，幼兒將心中預測郊遊時可能看到的東西，說出來給別人聽。
- 老師將幼兒說的話，寫在一大張紙上，讓幼兒看。
- 老師再將他代筆幫幼兒寫的字，一一讀出來，給幼兒聽。
- 郊遊之後，幼兒再參照郊遊時看到的東西，驗證先前的預測；老師一一讀出預測的字，幼兒說出他在郊遊時曾看到的東西，老師即在那個字前打個勾（參見下頁）。

(三)提供探索和遊戲的讀寫材料

在教室裡設置遊戲角，放置各種讀寫材料，讓幼兒自由探索和遊戲，並在遊戲中自發地使用書寫語言，例如：

- 使圖書角成為教室的中心區，使用開放的書架，提供許多種類的書，並提供舒適的座位、地毯、枕墊。
- 提供有關的文字佈置和展示，如：海報、佈告板、絨布板、字卡、故事錄音帶等。

空 樹
天
雲
草
瓜 南
土 泥
牛
馬
人
夫 農
子 葉
陽 太
星 星

✓樹
✓天
✓雲
✓草
✓瓜 南
✓土 泥
✓牛
✓馬
✓人
夫 農
✓子 葉
陽 太
✓星 星

郊遊前的預測　　　　郊遊後的驗證

- 在戲劇角提供紙筆，電話旁邊放有便條紙和筆，暗示幼兒可用筆在紙上記下備忘的事情。

- 在教室的每個遊戲角放置玩具電話，將各個遊戲角的電話號碼寫成一本電話簿，影印數本分別放在各個遊戲角，例如：娃娃家的幼兒可打電話邀請美勞角的幼兒過來玩。

- 在積木角提供紙筆，讓幼兒可畫出或記錄他們搭建的建築物。

- 將大本的書放在偶戲角，由一位幼兒唸書，讓另一位幼兒跟著演偶戲。

- 在科學角或烹飪角，提供大張的、有圖和字的烹飪圖表，讓幼兒參照著做烹飪活動。

- 設置一個寫字角，放置各種書寫的材料，如：各種紙張、筆、複寫紙、字章、印臺、打洞器、釘書機、報紙、雜誌、廣告單、剪刀、膠水、膠帶、舊信封、空白的小書、桌椅、作品展示架、黑板、粉筆等，讓幼兒有充分的時間重複蓋字章、隨意塗寫字、或剪貼報紙雜誌上的字，而不是規定他完成特定的作業。

　　當幼兒隨意玩上述讀寫材料時，常可能轉入目標導向的活動，例如，當幼兒想要寫一封信給父母時，即須要求老師代他寫某個特定的字，或讓他描摹，然

後將信紙摺放入信封內。

　　幼稚園以某個單元主題發展遊戲角的內容時，亦可配合該主題，提供幼兒有關的讀寫材料和活動，如以單元主題：「動物」為例，有關的讀寫經驗可包括：

- 科學角：以大張紙記錄母雞孵蛋，塗寫有關母雞的日記，唸有關母雞的兒歌，看有關母雞的圖畫書。
- 語文角：看動物的圖畫書、圖片、和字卡，聽動物的叫聲錄音帶，製作有關動物的書。
- 美勞角：集體繪畫動物園，做廢物工，標明動物的名字。
- 積木角：玩塑膠動物，搭建動物園，做動物的名稱標誌，製作錢幣、買賣門票。
- 戲劇角：開動物醫院，掛號、寫病歷、打電話。

四讀寫的戲劇遊戲

　　本書第三章曾述及，戲劇遊戲含有豐富的語言經驗，同樣地，也可能提供幼兒許多有意義的讀寫經驗(Neuman & Roskos, 1991; Schrader, 1990)，以下即進一步介紹有關讀寫的戲劇遊戲。在幼稚園的戲劇

角，放置生活中各種主題的讀寫材料，讓幼兒自行選擇對他們有意義之讀和寫的活動，幼兒為了真實生活的目的而讀寫，引發功能性的、有意義的讀寫經驗。例如，戲劇角可佈置成郵局、辦公室、家庭，分別放置下列讀寫材料：

郵　局：桌子、用過的信件、信封、白紙、郵票、印章、漿糊、剪刀、筆、信箱，郵差的帽子和郵件袋。

辦公室：桌子、椅子、電話、電話簿、文具、信封、公文夾、信件、漿糊、剪刀、筆。

家　庭：桌子、椅子、雜誌、報紙、電話、電話簿、便條紙、筆、食譜書卡、廚房用具、和其他一般家庭用品。

　　根據前述斐格夫斯基 (Vygotsky) 所謂的「最近發展區」，在此發展區內，幼兒原只能部分地熟練某個技巧，但在大人的指引或與較有能力的同儕合作下，將能成功地運用這個能力。在遊戲過程中，透過同儕的互動與合作，幼兒之間產生許多有關讀和寫的對話，其中可分成三類 (Neuman & Roskos, 1991)：

1.將讀寫有關的物體予以命名

　　一位幼兒詢問某個讀寫有關的物體的名稱，另一位幼兒則確認或糾正其命名。例如，兩位幼兒在戲劇

角的辦公室玩，翻閱桌上的日曆，要找其中一位幼兒的生日：

　　雙華：（翻動著桌曆）7月25日在那裡？

　　名村：（指著）6月25在這裡。

　　雙華：不是6月25日。7月25日在那裡？7月25日在那裡？它在那裡？（很快地翻閱著桌曆）

　　名村：（重複地指著）不，等一下，它在這裡。

　　雙華：好，我們找到了，名村，現在你寄出7月25日的邀請卡給很多人。

2.商議有關一個讀寫主題的意義

　　一位幼兒述說某個讀寫有關的角色、活動、或程序，另一位幼兒則解釋、詢問、或進一步擴展主題。例如，三位幼兒在戲劇角的圖書室玩：

　　大爲：（對珊婷說）要買一本書嗎？

　　可德：（對大爲說）這是圖書室，他們不買書，他們只借書。

　　珊婷：我能借這本書嗎？

　　可德：你有借書卡嗎？

　　大爲：（對珊婷說）不是，這本書不再賣了。

珊婷：有書賣嗎？

可德：（有點沮喪）不，你不能買它們，你只
　　　能借它們。

大爲：這是一本好書。

珊婷：對。

大爲：你可以借四天（他在一張紙上寫字，好
　　　像在寫出借記錄）。

珊婷：嗨！我買……我借這本書四天！

3. 教導另一位幼兒某個讀寫作業，以達成遊戲的目的

　　一位幼兒要求協助某個讀寫有關的活動，另一位
幼兒充當老師，提供口語的引導和示範。例如，兩位
幼兒在戲劇角的辦公室玩，在紙上寫字：

淑瑜：你的名字怎麼寫？

惠玲：這樣寫（在紙上寫自己的名字）。

淑瑜：（照著在紙上寫惠玲的名字）是不是這
　　　樣寫？

惠玲：（看淑瑜的紙）對！那你的名字怎樣
　　　寫？

淑瑜：我也寫給你看。

　　參照斐格夫斯基的「最近發展區」概念，在幼兒自發的戲劇遊戲情境中，除了同儕的互動合作，師生間的互動、老師的指引和參與、老師建議想法或提出問題，亦能增進 (facilitate) 幼兒的讀寫發展 (Schrader 1990)。老師從幼兒的遊戲中獲得他們的線索，評估幼兒正在注意什麼和正在試著完成什麼，老師先確定幼兒的意向後，才與幼兒互動，以一種與幼兒的想法相關但不同的想法，順應並擴展幼兒的想法。反之，如果老師忽視幼兒正在注意什麼和正在試著完成什麼，將可能中斷幼兒的遊戲。

　　老師藉著發問和建議，引發幼兒以新的方式使用讀寫有關的遊戲材料，示範寫作的功能和介紹文字的新功能，讓幼兒經驗文字的意義和概念，例如：

　　老師問正在玩的一位幼兒：你在做什麼？

　　（幼兒：我在寫一封信。）

　　老師的發問和建議如：

　　　　你寫信給誰？

　　　　你要告訴他們什麼？

　　　　你可不可以將信上寫的唸給我聽？

　　　　你在信封上寫了地址嗎？

　　　　你可以買一張郵票，把它貼在信封上，再寄出去。

　　老師須尊重幼兒的努力，讓幼兒維持他們的遊戲，以有效地擴展幼兒的讀寫經驗，例如，老師參與以下一段遊戲情節所顯示的：

　　　　貴銘正坐在戲劇角的辦公室桌子旁，使用電話和寫字。

老師：你的電話又響了（指著貴銘的電話）。

　　　我打電話給你，鈴！鈴！（老師撥著放在郵局的電話。）

　　　我正在打電話給你。

瓊吟：（坐在貴銘旁邊，接聽電話。）喂！

老師：喂，貴銘在嗎？他在辦公室嗎？

瓊吟：在，你要和他說話嗎？

老師：是的，請你叫他聽電話，好嗎？

瓊吟：貴銘，是劉太太，她要你聽電話。

貴銘：（正在寫字）請妳告訴她我在忙，好嗎？

瓊吟：好，他說他在忙，所以等一下他再打電話給你。

老師：你幫我留話給他，好嗎？

瓊吟：（點頭）好。

老師：你那兒有便條紙嗎？

瓊吟：有（拿便條紙和筆，用肩膀夾著電話。）

老師：告訴他我今天下午有一個會，我在四點
　　　鐘會打電話給他。

瓊吟：好！（在便條紙上寫字）

老師：妳寫下來了嗎？

瓊吟：是的。

老師：好，再見！

瓊吟放下電話，即把留話的便條紙拿給貴銘。

三、讀寫萌發的課程架構

　　以上列舉的許多讀寫經驗，需是統整於幼稚園整
體的課程經驗中，成為幼兒在幼稚園裡生活和學習的
溝通媒介，而不是幾個孤立的活動。幼稚園課程常以
某個內容主題（單元）統整一系列的學習事件，一個
統整的讀寫萌發的課程架構，如圖 5-2 所示（引自
Strickland, 1989）：

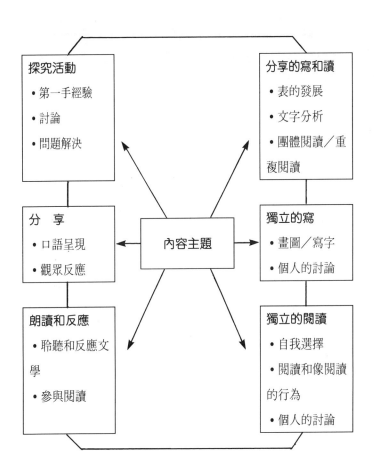

圖 5-2：讀寫萌發的課程架構

（引自 Strickland, 1989）

以下即說明圖 5-2：讀寫萌發的課程架構中，所列舉的各項活動，並以單元主題：「從種子到植物」為實例：

(一)探究的活動

讓幼兒探究和討論有關主題的現象和想法，通常是在每天一早的團體時間進行，由老師發問、提出待解決的問題、展示有關的材料，鼓勵幼兒使用主題有關的各種字彙談話、描述、命名、和解釋，並激發幼兒參與和探究有關主題的現象和問題，包括：透過感官觀察、假設、做預測、排列順序、解釋、比較和對照、分類、決定原因和結果、探索有關時間、空間、和量的概念等。

例如，「從種子到植物」的主題中，幼兒的探究活動可包括：種植豆子、觀察和測量豆子的生長；剝開種子、檢查和討論；在戶外種植；在塑膠杯裡的濕毛巾栽培種子、在海棉上栽培種子、比較不同種子的生長情形。

(二)分享的寫和讀

通常在探索活動之後，幼兒即可使用文字媒介擴展所探索的想法，幼兒先思考和談論他們的想法，然

後透過文字陳述他們的想法。最常使用老師和全體幼兒一起創作的表，或使用其他放大的文字（如：一本大書、或兒歌海報），相同的文字材料可能被持續使用幾天，一張表可能被增加、改變、或再閱讀。

表的產生可能使用各種不同的形式，例如：列出每位幼兒的名字、其下列出每位幼兒做的事；列出幼兒描述的事情；列出事物的名稱。老師的角色是催化和抄寫，鼓勵幼兒使用有關主題的想法和語言，老師將幼兒說的話寫下來，寫成表，老師再讀出表上所列寫的字給幼兒聽，藉以幫助幼兒察覺閱讀的過程和文字的功能。文字的分析，則是由老師一面指著文字、一面唸，引導幼兒觀察和比較字形、字的結構、和字句的排列。

例如，「從種子到植物」的主題中，分享的寫和讀可包括：列出種子生長所需要的事物、列出種植過程的步驟、製作植物生長和發展的圖表、製作蔬菜湯的食譜、列出對於有關種子的書的反應、讀有關植物的詩歌。

(三)獨立的寫

每天讓幼兒有機會透過畫圖和寫字，表達他們自己的想法。寫字可能在寫字角，儘可能有一位老師在

旁，和幼兒商議他們所寫的，或幫幼兒代筆寫出他們描述的圖畫。獨立的寫，也可能是非正式的偶發方式，例如，教室裡每位幼兒的架子上有一本日記本，幼兒可隨時塗寫自己發生的事情或情感，或在教室裡每位幼兒有一個信箱，讓幼兒彼此可以寫信或寫便條。

例如，「從種子到植物」的主題中，獨立的寫可包括：塗寫有關種植和生長的故事、寫豆子生長的日記。

㈣獨立的閱讀

在教室裡設置圖書角，讓幼兒每天有時間接近許多書，瀏覽他們選擇的書。例如，「從種子到植物」的主題中，獨立的讀可包括：閱讀有關種子、植物、或種植的書。

㈤朗讀和反應

每天有一段朗讀的時間，老師唸書給幼兒聽，讓幼兒以各種方式反應圖書和故事，例如：團體討論、故事角色扮演、用玩偶演出故事、重述故事、透過藝術活動表現故事等。反應圖書和故事，乃是使用一個新的型態再陳述或再經驗故事的方式，用來增強幼兒

對於故事的瞭解和欣賞，幫助幼兒內化故事的結構。例如，「從種子到植物」的主題中，朗讀和反應可包括：朗讀有關種子、植物、或種植的書。

(六)分　享

　　幼兒與老師個別交談，或在全班或小組中分享有關主題的想法和經驗，分享讀、寫、畫畫、和遊戲角的活動。例如，「從種子到植物」的主題中，分享的內容可包括：自己寫的故事、閱讀的圖書中最喜歡的部分、我學到有關種子和植物的事情、在家裡的種植經驗等。

　　上述的各項讀寫經驗，呈現在幼稚園半日的時間組織的情形，如表5-1（讀寫萌發課程的時間組織）所示。

　　上述讀寫萌發的幼稚園課程架構，如具體表現在幼兒一天的讀寫經驗中，幼兒看到文字被使用，或參與產生文字，察覺讀和寫被有目的地使用，其情形如下所描述的 (Salinger, 1988, pp.81-82)：

- 到達：幼兒到幼稚園裡，在出席簿上簽名，將自己的物品放在寫著他們名字的置物櫃中。選一本書看，等待團體時間。

表 5-1：讀寫萌發課程的時間組織

（引自 Strickland, 1989）

大約的時間	核心經驗	組織的類型	課程焦點
20 分鐘	• 探究活動 ｜ （引至） ↓	全　　班	• 社會和物理 　科學 • 口說語言 • 問題解決 • 數學
20 分鐘	• 分享寫和讀	全班或小組	• 讀、寫
30 分鐘	• 點心 • 大肌肉活動 • 音樂	全　　班	• 動作發展 • 音樂
50 分鐘 （包括所有的 遊戲角——藝 術、數學等）	• 獨立的寫 • 獨立的讀	遊戲角：小團 體或個別	• 讀、寫、和 　其他遊戲角 （藝術、數 　學等）
15 分鐘	• 朗讀和反應	全班或小組	• 讀、寫
15 分鐘	• 分享	全班或小組	• 口說語言

- 團體時間：老師展示一個月曆，和幼兒討論月、
  週、日的字，然後讓幼兒看著大張海報上的字，
  學習一首新歌，老師知道幼兒還不能讀這些字，
  但要他們熟悉他們所唸唱的視覺印象。

- 遊戲角時間：在寫字角，幼兒繪製「我的書」，

玩信件；在美勞角，幼兒在作品上寫字，或由老師筆錄幼兒的作品描述；在圖書角，幼兒安靜地看書或聽故事帶；在娃娃家，幼兒玩各種寫字材料（如：寫電話留言、寫信、寫購物單）；在戲劇角或積木角，幼兒可能發展故事，要求老師筆錄；在教室一角，助理老師帶著一組幼兒，看著圖表上的食譜烹飪，老師引導幼兒讀食譜上的字。

- 故事時間：幼兒聽過而最喜歡的一個故事，重新寫在一本大書上，老師指著大書上的字，幼兒跟著唸他們認識的部分。在唸新的故事書時，老師以簡單的問題和幼兒討論故事內容。
- 準備回家：通知郊遊的一封信，讓幼兒帶回家，幼兒也可在信的下端「寫」他們自己的消息。在家裡，家長花幾分鐘和幼兒一起讀信，討論出外郊遊的計畫。

四、幼兒讀寫行為的觀察

幼兒口說語言的內容具體而確定，一般老師較容易把握和予以記錄，而書寫語言或讀寫行為的含意則較廣泛，並非如一般老師以為的只是看圖說話、複述

故事、或讀書寫字。這裡提供一張檢核表（參見表5-2），幫助老師澄清和統整幼兒的讀寫行為，成為日常觀察、檢核、與輔導幼兒讀寫發展的指標，如果幼兒已顯示獨立的水準，而尚未顯示大人引導的水準，即可能表示需要予以輔導。

接著，提供一張幼兒讀寫行為的觀察表（參見表5-3），老師可參照表上列舉的場所和活動，在各種場合觀察幼兒的讀寫行為。

幼兒的語文經驗

表 5-2：觀察幼兒開始讀寫的檢核表

（引自 Pflaum, 1986, pp.138-139）

✣✣✣　3-4 歲　✣✣✣

類　　型	獨立的水準	大人引導的水準
故事書		
興趣	有一或二本非常喜歡的書，對它們很熟悉，如果它們被唸錯，能辨認出來。	對新的故事感興趣；問問題
瞭解故事	能述說事件的順序	能談論一個故事
尋找故事	樂於參與故事時間	渴望幫助大人找故事書
閱讀的概念		
文字和圖畫	能指出故事包含在何處	能說出圖畫和文字顯示的不同
閱讀的目的	當被問及時，能找到報紙、書等	談論各種媒體上的閱讀種類
故事的部分	能回答有關順序的問題	明確地談論故事的部分
字的概念	區別標題的字	能辨認字
寫　字		
練習	當被要求時，塗寫字	渴望向大人顯示他在寫字
字	學會自己的名字	學習名字和要求學更多

類　　型	獨立的水準	大人引導的水準
故事書		
熟悉	知道幾本故事書的名字 至少知道一本書的情節	述說有關幾本書的某些事情 知道幾本書的片段
慣例	經驗學校和家庭例行的閱讀	確知閱讀的慣例
喜愛	可能喜愛一種類型的書	開始喜愛某種類型的故事書
目的	相當確知閱讀的各種理由	能辨認閱讀的幾個目的
書和文字的概念		
書	知道握持一本書的方式，知道何處是開始、結束、頁次、標題等	能描述如何握持一本書以閱讀
閱讀的措辭	正確地指出頁次、句子、字；發出聲音	正確地措辭；頁　次、句子、字、和發音
閱讀的概念		
文字	知道一個故事來自何處	
穩定	知道一個故事總是一樣，是因為文字是固定的	能解釋為什麼文字在說故事
字	熟悉言辭，能指出印刷的字	能分辨口語和書寫的形式，並且試著描述其間的不同
順序	在寫字時，參與談論口語和書寫的順序	能辨認口語的聲音和書寫的符號順序如何產生
寫　字		
名字	喜歡用筆寫名字	要求幫助，寫其他名字
練習	被要求時，即"寫字"	有各種寫字的目的

表 5-3：幼兒讀寫行為的觀察表

(引自 Chittenden & Courtney, 1989)

幼兒：　　　　年齡：　　　　　日期：

場　所　和　活　動	幼兒的讀寫行為實例(註)
故事時間：老師對全班講故事 (對故事的反應；幼兒的評論、問題、說明)	
獨立的閱讀：圖書時間 (幼兒選擇的書的性質；選書的過程；安靜或社交式閱讀)	
寫字 (日記故事，口說由老師筆錄)	
閱讀團體／個人 (閱讀的策略；圖書的討論，對教學的反應)	
閱讀有關的活動作業 (對作業的反應或針對文字性質的討論，文字遊戲／經驗圖表)	
非正式的場合 (在遊戲中使用語言，開玩笑，說故事，對話)	
以圖書和文字為資源 (使用圖書；注意記號、標誌、名字；尋找資料)	
其　　他	

註 ：描述幼兒在每個場所和活動的讀寫行為

針對表5-3:「幼兒讀寫行為的觀察表」中的各項場所和活動,以下分別列舉幾個觀察實例,做為應用此表觀察記錄幼兒讀寫行為的參考。

故事時間:老師對全班講故事(對故事的反應;幼兒的評論、問題、說明)

- 老師對全班幼兒說「井裡青蛙」的故事,宇賢問:「古井會不會咬人?」老師回答:「井是不會咬人的。」
- 老師講完「三隻小豬」的故事後,明基說:「稻草蓋的房子比較爛,磚塊蓋的房子比較堅固,老師,我們學校是磚塊蓋的嗎?」老師說:「是的。」

獨立的閱讀:圖書時間(幼兒選擇的書的性質;選書的過程;安靜或社交式閱讀)

- 在圖書館,子軒蹲在書架前找故事書。

  子軒:「我要找什麼?『三隻小豬』都沒看到。」

  老師:「沒找到,再找找看。」

  子軒:「我要找『白雪公主』、『青蛙王子』。」

子軒抽出其中一本故事書，指著封面上的字。

子軒：「老師，這是什麼字？」

老師：「『青蛙王子』。」

子軒：「我要看這本書。」

- 蘇怡在圖書角看故事書，庭林走過來說：「這本書，我媽媽有講給我聽。」蘇怡說：「我也聽過啊！但是這本『爸爸不見了』是我最喜歡的。」

- 在圖書室，鴻緯看著故事書，照著書上的字唸「黃帝大戰蚩尤」的故事給映佐聽。

- 泓偉和善維坐在地毯上一起看書，善維唸著：「風兒吹……」泓偉：「你唸不對，是風兒飄……」善維：「不對！是風兒吹。」

寫字：（日記故事，口說由老師筆錄）

- 彥宏用蠟筆在紙上畫了一條迷宮，迷宮旁邊畫了黑黑的一團，拿給老師看，指著黑團說：「老師，幫我在這裡寫上魔王。」

- 俊豫：「力爲，你看我會寫我自己的名字哦！我寫給你看。」說完便在紙上寫著。俊豫：「你看！老師說我寫得好漂亮，是我媽

媽教我的。」力焉：「我也要叫媽媽教我寫名字，還有我弟弟的名字。」

- 老師講完故事：「不吃蘿蔔吃婆婆」，請幼兒將故事內容畫在圖畫紙上。怡婷：「老師，我想寫一本故事書給媽媽看，可是我不會寫字，你幫我寫，好不好？」老師：「好，那你告訴我要寫什麼呢？」怡婷：「我要寫『壞猩猩，別來咬婆婆，快跑，婆婆』。」

閱讀團體／個人：（閱讀的策略；圖書的討論，對教學的反應）

- 說故事時間，詩芸舉手說她要將書上的故事說成不一樣的故事，她將故事中的「公雞種麥」改成「種香菇」，「請山羊幫忙，山羊不肯」那段改成「山羊願意幫忙」，又將「公雞去請小牛幫忙」改成「請大牛幫忙」，而最後結尾是「等香菇長大了，公雞煮了香菇湯，請山羊和大牛來吃，結果大牛很不好意思地說：我以後也要幫忙。」詩芸說完後，全班小朋友爲她拍手，詩芸笑著說：「謝謝小朋友。」

- 偉傑到圖書角翻看一本書「森林的三矮人」，看完後就對身旁的宇哲說：「你看，每次都是妹妹比較厲害，灰姑娘也是妹妹，最後也是她贏。」羿欣在一旁聽了也跟著說：「對啊！所以我要當妹妹。」
- 小朋友聽到故事「真的有聖誕老公公嗎？」孝文、宏乾不約而同地說：「當然有。」玉婷說：「只有美國才有，我們這裡才沒有。」宏祥則說：「聖誕老公公送那麼多禮物，他從煙囪進來，衣服會不會弄髒？」緯亭也加進來說：「把煙囪做大一點，就不會弄髒了呀！」

閱讀有關的活動作業：（對作業的反應或針對文字性質的討論，文字遊戲／經驗圖表）

- 在圖書室，老師向鴻偉說明借書證的使用方式，鴻緯說：「那我知道了，這面寫完了，換旁邊這面，這面寫完了，再換後面，都寫完了，再跟老師拿。」
- 自由活動時，史泓拉著亞軒到作品欄，史泓說：「亞軒，看這是『風』字。」說完，還吹了一大口氣。

- 老師在寫字條，亞萱：「老師，你在做什麼啊？」

  老師：「寫字啊！」

  亞萱：「寫什麼字？」

  老師：「『我會小聲說話』。」

  亞萱說：「『我會小聲說話』，老師，我會小聲說話。」

  老師將字條貼在牆壁上。

  嘉威指著字條唸：「我……」「老師，這什麼字？」

  老師：「會。」

  嘉威：「會，我會小……」「老師，這個？」

  老師：「聲。」

  嘉威：「聲，我會小聲說話。」

  嘉威：「哈哈，我會小聲說話。」（很高興的）

  嘉威和致遠在積木角玩，致遠突然大叫：「啊——」

  嘉威指著字條說：「致遠，不能叫，你看，『我會小聲說話』。」

非正式的場合：（在遊戲中使用語言，開玩笑，說故

事，對話）

- 宇賢坐在美勞角，老師讓幼兒觀察「大龍蝦」，宇賢看一看說：「蝦子是橘子色的」，接著便唸起兒歌：「蝦子蝦子紅通通……」
- 史泓在積木角玩著汽車和交通號誌的玩具，他拿起一個紅綠燈玩具，唸著：「紅綠燈，紅眼睛不能走，綠眼睛快快走。」
- 蘇怡在盪鞦韆時，一邊盪、一邊反覆唸著：「金銀花一二朵，大姨媽來接我，豬砍柴，狗燒火，貓咪煮飯，哈哈笑死我。」
- 國凱和玉婷坐在教室的椅子上，玉婷唸：「張阿姨，上街去買魚。」國凱接著唸：「魚味腥，買菜心，菜心爛，買炒飯。」兩人一起唸：「炒飯熱呼呼，張阿姨吃得胖嘟嘟。」

以圖書和文字為資源：（使用圖書；注意記號、標誌、名字；尋找資料）

- 蘇怡在圖書角拿起一本書，指著書上的「中」字，告訴坐在一旁的雅柔說：「這是中華民國的中字，也是中班的中。」
- 在圖書角看圖畫書時，弘祥指著書上的大輪

船告訴葦婷：「我看過這是大輪船，可以載很多人，裡面還有餐廳哦！」葦婷指著大輪船旁邊的小汽船問弘祥：「那你知道這是什麼嗎？」弘祥：「汽艇啊！坐起來好像要飛起來。」葦婷：「哇！好棒哦！我要叫媽媽帶我去坐。」

- 國凱和貢霖坐在圖書角一起看「長頸龍和霹靂龍」的故事，貢霖指著書說：「你看它是雷龍，好厲害喲！」國凱說：「它才不厲害呢！我上次看小百科，特暴龍才厲害呢！它還會把其他小的恐龍吃掉呢！翼手龍會在天上飛喲！」

- 彥宏在櫃子上拿了一本書「血的故事」，並說：「這本書我家也有，是我媽媽買的，這裡面講到紅血球、白血球、和血小板，白血球可以把細菌打敗。」耀慈在旁邊也說：「這本我家也有。」

- 紀偉說：「你們來看，這是鯨魚耶！」小朋友靠過去，說：「我看，我看！」英芬看了說：「我再找找看。」接著就拿同一套書中的一本書出來翻閱，繼續找鯨魚的圖片。

本章摘要

　　幼兒在幼稚園裡的讀寫經驗,宜參酌如幼兒在家裡非正式取向的讀寫經驗特徵:自我調節的、個別化的活動、經常性的同儕互動、和充實的讀寫材料,將之應用在幼稚園的情境。

　　幼稚園裡有意義的讀寫情境,須能提供幼兒有意義的學習經驗,讓幼兒看到文字在環境中被使用;統整聽、說、寫、讀的過程,讓幼兒意識和體會文字的功能;提供探索和遊戲的讀寫材料,讓幼兒在遊戲中自發地使用文字,尤其可提供有關讀寫的戲劇遊戲。

　　讀寫萌發的課程架構,包括:探究活動、分享的寫和讀、獨立的寫、獨立的閱讀、朗讀和反應、以及分享。此課程架構具體表現在幼兒的讀寫經驗中,讓幼兒看到文字被使用,或參與產生文字,察覺讀和寫被有目的地使用。本章並提供幼兒讀寫行為的檢核表和觀察表,可作為老師日常觀察、檢核、與輔導幼兒讀寫發展的指標。

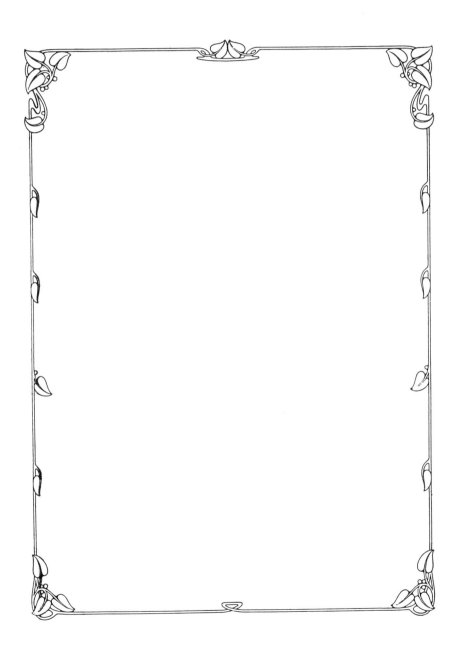

第 *6* 章

幼兒的文學經驗

　　本章是延續前一章所述幼兒的讀寫經驗,而進一步著重於幼兒閱讀圖書的經驗,廣義而言,即指幼兒的文學經驗。看故事書、圖畫書是一般人童年生活的核心經驗,這樣的經驗如何融入幼稚園的生活中,即是本章闡述的內容。

一、文學的形式和內容

　　文學(literature)的意義,參照《辭海》的解釋,有廣狹二義:「廣義泛指一切思想之表現,而以文字記述之者;狹義則專指偏重想像及感情的藝術的作品,故又稱純文學,詩歌、小說、戲劇等屬之。」(臺灣中華書局,民 63,頁 1317)本章採取更廣

義的文學意義，幼兒文學泛指一切思想、想像及感情的表現，是知識性或情意性的，表現方式是文字和圖畫，作者是大人或是幼兒自己，表現的形式主要是圖書，或是期刊、報紙，即包括一般通稱的兒童讀物。

幼兒文學是透過文字和圖畫表現，其中文字的形式，有的以口語化的散文形式表現，不受音韻或語句長短的拘束，有的則以有音韻、有節奏的韻文形式表現。參照兒童文學研究學者吳鼎的分類，一般兒童文學的形式，另外還可包括以戲劇形式表現的（此類不在本章闡述範圍），其分類方式如下（引自吳鼎，民69，頁79－90）：

散文的形式		韻文的形式		戲劇的形式		圖畫的形式
童話	話事	韻語	語歌	話劇	歌劇	連環圖畫
故事	言說	兒詩	歌詞	歌劇		故事畫
寓言	說話	詩彈	詞語			
小說	話記	彈謎	語			
神話	記記	謎				
傳記	記記					
遊記	記話					
日記						
笑話						

㈠散文形式的兒童文學

1. 童話：童話一詞，英文稱之為 nursery tales，意指「嬰兒的故事」，以其含有啟發嬰兒的作用；或稱之為 fairy tales，意指神仙、幻想的故事。童話的內容或是從原始人類遺傳下來，或是後世文人的創作，語言學者常利用童話研究方言，民俗學者則利用童話研究各地民俗。

2. 故事：故事一詞的意義，含有「過去的事跡」的意思，而現代人的看法，故事泛指一切有人物、有情節的演述材料。

3. 寓言：寓言是假借動植物言語行為編造而成，常是用擬人化的方式表現，將各種鳥獸、爬蟲、花草、樹木等事物賦予人的生命，能說人的話，表現人的動作。

4. 小說：小說為故事之擴充，或根據事實加以點綴，或託假設為之虛構，有首有尾，情節曲折生動。

5. 神話：神話是史前時代一種超自然的民間故事，初民生活樸實、思想簡純，對宇宙間一切事物的看法，認為有神為之主宰，因而產生各種傳說，這便是神話的來源。

6. **傳記**：傳記描寫個人的事蹟，將其日常生活、聲音笑貌、學術事功等具體地描述出來。

7. **遊記**：遊記是描寫各地自然景物與社會生活的記敘文，使兒童獲得豐富的地理知識。

8. **日記**：日記是個人真實生活的記錄，是個人心靈的反應、人格的實錄，兒童可從名人日記中獲得為人處事的啟示。

9. **笑話**：笑話是引人發笑的材料，或藉事物以寓意，或假託故事性質，謔而不虐，令人興奮情緒。

(二)韻文形式的兒童文學

1. **韻語**：是一種有音韻、有意義、有趣味的語句，詞句順口，聲調動聽，適合幼兒隨時吟唱。

2. **兒歌**：兒歌是幼兒唱的，有韻律、有趣味、語句自然。

3. **詩歌**：詩歌有節奏而諧聲韻，意境優美，有抒情的、敘事的、故事的、寫景的、和史詩等。

4. **彈詞**：彈詞是中國特有的一種可以演唱的韻文，其內容常是根據歷史的事實，加以戲劇的演化，用有韻的口語敘述出來。

5. **謎語**：謎語是一種隱射物象的韻文，語句自然而

有韻，可刺激兒童思考。

🖂圖畫形式的兒童文學

1. **連環圖畫**：連環圖畫是用連續性的圖畫表現內容，佐以簡單文字的說明，畫面活潑有趣，人物逼真而有個性。

2. **故事畫**：連環圖畫是連續的，故事畫則是單獨的，故事畫是以一幅畫面表現一個簡短的故事。

🖂戲劇形式的兒童文學

1. **話劇**：話劇是以語言和行動表達的戲劇，將抒情、記事、寫景、說理表現明白，讓兒童表演。

2. **歌劇**：歌劇是將音樂、歌辭、表演、舞蹈融合起來的一種藝術，讓兒童一面唱歌，一面以舞蹈表現出歌辭的意義。

上述的類別，是廣泛地按照一般兒童文學的形式分類，而一般的幼兒文學形式，常是綜合散文、韻文、和圖畫的表現形式，例如，一般屬於幼兒的童話、故事，有的是以散文和圖畫表現，有的是以韻文和圖畫表現，有的則只透過圖畫表現。

另一方面，如按照幼兒圖書的內容主題分類，根據信誼基金會（民 78 ）的調查研究，從民國 68 年至

77 年 6 月底止，臺灣地區總共出版有 2673 本幼兒書，其中以「童話、民俗故事」類的出版量最多，其次依序如下：

1. 童話、民俗故事(各國及不同時代的故事和童話)
2. 語文（以增加字彙、發展語文能力為主要內容）
3. 情緒、經驗、自我認識（描述情緒傳達的變化、對新經驗的感受、並從中認識自我）
4. 動、植物（各種動物、植物生態的介紹）
5. 四周環境（針對家庭以外所接觸的大環境，及環境中的事物）
6. 概念（有關上下、左右、內外、大小、長短、快慢等的概念）
7. 家居生活（介紹家庭的成員、生活起居、家庭中各類器具等）
8. 數（數的認識與應用）
9. 自然（介紹日、月、天、地、四季、水、風等自然現象與事物）
10. 幻想(以幼兒的想像或激發其想像力為主要內容)
11. 綜合（內容同時均勻包括各類的圖畫書）

　　這些不同內容主題的幼兒圖書，按照一般通稱的分類，有的是著重於述說情節的故事書，有的是著重於介紹概念的資料書，有的則是著重於圖畫表現或以

圖畫為主的圖畫書。以下即列舉在選擇這三類幼兒圖書時，分別須注意的要點。

⑴**故事書**

分析故事書的內容，形成故事書的因素通常包括：人物、情節、情境、風格、主題、和版式（Burke, 1986, pp.30–33; Glazer, 1986, pp.10–14; Sawyer & Comer, 1991, pp.45–54 ），適合幼兒的故事書，宜包含下列要點：

- 人物：故事中的人物可能是動物、人、物體、或想像的人，有真實的情感、生動的動作和口語，讓幼兒易於認明識別，沒有性別固著、種族歧視等刻板印象。

- 情節：情節是故事的事件發生順序，就像是一個故事的道路地圖，須是簡單而清楚的描述，有焦點的、合乎邏輯的，能塑造人物的行為，有趣的或重複的，讓幼兒想知道接著發生什麼，故事的發展和結束，有令人滿意的事件高潮。

- 情境：故事發生於何時何地，包括故事中人物的生活方式和環境的文化層面，場所有時著重於文化、時間、或空間的因素，有時則只是偶然發生的。

- 風格：風格反映一個作者運用文字的特殊方式，

透過比喻的語言、幽默、想像、節奏、和韻律，呈現出適合故事的語言。

- 主題：主題是故事的核心基礎，是故事的動機和目的，是對於人類情境的基本想法，例如：友誼、家庭生活、自尊、或獨立等，須合乎幼兒的概念水準和生活經驗；主題是透過故事中人物、情境、和情節而呈現，主題應是故事中統整的一部分，但不需在結尾明顯地說出來。

- 版式：書的大小、形狀、裝訂、字體、插圖、紙質、印刷、色彩、圖片、和封面設計，皆是一本圖書的版式，這些因素必須適合故事的內容，並吸引幼兒的注意。

(2)資料書

資料書提供幼兒各種有關自然現象、生物、數學、人們、事物、和事件等知識概念的資料，以發展批判思考、問題解決、和參照的技巧，其選擇的要點是：

- 資料正確，符合事實。
- 有清楚的焦點。
- 符合幼兒的發展和生活經驗。
- 文字的敘寫清楚、直接，適合幼兒瞭解的年齡層次。

- 文字生動有趣，能引發幼兒的求知欲。
- 插圖和文字相互配合，呈現具體的視覺資料。
- 插圖優美、清楚、具體。

(3)圖畫書

　　圖畫書提供幼兒對於藝術美感和概念資料的兩方面需要，讓幼兒辨別圖案、細節、和視覺資料，而增進視覺藝術的辨別能力，並幫助幼兒練習觀察細節、做推論、辨別因果、辨別順序等閱讀／思考的技巧，並可經由圖畫發展一個故事結構的意識，欣賞圖畫視覺和文字情節的聯結。選擇圖畫書時，須注意的要點是 (Burke, 1986, pp.145－146; Jalongo, 1988, p.22)：

- 插圖和文字配合、統整、平衡。
- 圖畫隨著呈現故事情節和描繪人物。
- 圖畫的安排和文字情節的順序一致。
- 圖畫能傳達故事的氣氛（如：幽默／嚴肅、嬉鬧／安靜）。
- 圖畫澄清或舉例顯示故事的情境場所。
- 插圖或照片在美感上令人愉悅。
- 圖畫的風格和複雜度適合幼兒的年齡。
- 藝術家的風格符合故事的氣氛和內容。
- 無字圖畫書的設計和圖畫能引發美感的反應，幼兒能看著圖畫說故事。

- 書的版式——形狀、大小、形態、設計、紙張、裝訂，和書的內容主題協調一致，裝訂牢固，印刷的品質良好，顏色明晰。

二、文學經驗的意義

　　幼兒的文學經驗，是指幼兒自己或和大人一起閱讀、欣賞、觀看、唸誦、參考、應用、或創作文學圖書的過程，簡言之，即是幼兒與圖書互動的過程。幼兒的圖書簡化了書寫語言的複雜度，例如：很少文字、很少頁數、不複雜的情節、押韻和重複的詞句、圖畫提供每一頁說什麼的線索，再加上大人一再地為幼兒唸書的社會互動行為，例如，大人說：「我們必須從書的前面、而不是後面開始唸起」；「移開你的手指，你的手指蓋住字，我就不能看見和讀這些字了」；「等一下，我還沒有唸完這一頁」，這些社會行為幫助幼兒簡化複雜的閱讀情境，讓幼兒獲得故事的知識，並藉以發現文字的神秘性，知道文字在說些什麼（Schickedanz, 1982）。

　　幼兒在進入小學讀書之前，在家裡，兄姊、父母、或其他大人已經常唸書給他聽，或由幼兒自己拿起書來讀，這樣自然地學習閱讀，即是幼兒早期的文

學經驗形式。在幼兒的生活和發展中，文學經驗的意義和價值包括(Burke, 1986, p.199; Robison & Schwartz, 1982, pp.245－246)：

1. **情緒的成長**：文學中有對於美麗、驚奇、和幽默的欣喜，也有對於憂愁、不平、和邪惡的失望。

2. **情緒的淨化**：文學表現人類感情和情緒的最深處，表現人類之需要安全、被保護、和被愛，需要愛別人和愛自己，需要克服恐懼、需要成功，也需要想像和冒險。

3. **認知的成長**：文學提供組織的原則，將有關人類狀況的知識表現成可思考的形式，藉以滿足知識和生存的需要。

4. **語言的發展**：文學讓幼兒接觸語言的美麗，以各種語言的形式組織知覺、情感、和思想。

5. **美感的發展**：讓幼兒享受閱讀，感受文字的韻律、節奏、和意象。

6. **自我概念的發展**：文學激發幼兒的想像，使幼兒發展對他自己和周遭世界的信心，以更廣泛的觀點看真實的世界。

7. **統整的發展**：文學激發幼兒探索整體的生活和生命。

8. **文化的傳遞**：文學表現文化的理想和價值，敎下

一代如何屬於其文化。

其中，在語言的發展方面，研究發現兒童的語言發展和他們接觸文學的經驗，呈現明顯的正相關，語言發展的階段愈高，接觸文學的經驗亦愈多（Chomsky, 1972）。再者，許多縱貫式的個案研究顯示，故事是兒童理解生活的方式，讓兒童體驗文字奧秘的樂趣（覺得：「我會唸書了」），兒童在入小學前聽故事的數量愈多，日後在讀寫有關的活動上表現愈佳（Cullinan, 1989）。兒童在創造他們自己的讀寫作業時，常模仿或改編他們聽過的故事，文學被反映在兒童的語言和讀寫的內容和形式。

幼兒的文學經驗具體呈現在其閱讀行為的發展上，兒童的閱讀發展可分成下列三個階段（Gibson, 1989, pp.109－110），其中描述閱讀能力的直線成長，顯示發展中的兒童逐漸擴展他們處理更大量和更多種類文字材料的能力：

(1)萌發的讀者：（emergent reader）
- 有興趣握拿著書
- 注意環境中的文字
- 將書中的圖畫命名
- 將熟悉的書中故事，重組自己的說法。
- 辨別出自己的名字

- 辨認某些字
- 喜愛重複的兒歌和童謠

(2)**早期的讀者**（ early reader ）
- **瞭解文字是有意義的**
- 重組故事時，常依賴原作者的文字。
- 要唸書給人們聽
- **在各種情境中辨認熟悉的字**
- 知道故事結構的主要因素（如：重複的形式、神仙故事、呈現問題的故事）

(3)**流暢的讀者**（ fluent reader ）
- **閱讀能力建立在先前的階段**
- 能自動地處理文字的細節
- 能獨立閱讀各種文字的形式（如：散文、詩、電視目錄、菜單等）
- 能以適合於文字形式的速度閱讀

　　如仔細地分析，約二至四歲的幼兒在閱讀他最喜愛的故事圖畫書時，其閱讀的行為類型可分成三個發展階段，其中又按序分成十一個類別（ Sulzby, 1988 ），這些行為類別更細膩地顯示幼兒在閱讀圖書時，所呈現的語言、動作行為、及其注意的焦點：

第一階段：看圖畫、未形成故事

年齡較小幼兒的閱讀行為特徵，是將每一頁當作是獨立的單元，常跳著翻頁，而不是聯結成整本故事。

　1.**命名和述說**：幼兒將每一個圖畫看作是當前一個靜止的意象，翻看到某一頁，即指著一個圖畫，說出所畫物品的名稱，或述說物品的外表或特徵，例如：

　　　　有氣球人（指著首頁的圖畫）

　　　　南瓜（指著第 2 頁和第 3 頁的圖畫）

　　　　那是太陽（指著第 4 頁的圖畫）

　　　　嗨！這是，這是書（第 10 頁）

　　　　這是牛（第 2 頁）

　2.**注意圖畫中的行動**：幼兒注意到圖畫中的行動，通常一面用手指著圖畫中的動作，一面述說其行動，例如：

　　　　看這個

　　　　他在跑

　　　　他在跑

　　　　要抓到他

　　　　看……

　第二階段：看圖畫、形成故事（類似口說語言或類似書寫語言）

幼兒的語文經驗

(一)類似口說語言

幼兒開始將書本看作是好像包含一個完整的故事，以類似日常口語說話的方式述說書上的圖畫。

3.**對話式說故事**：幼兒以類似對話的方式述說圖畫中的人物，例如：

蛋跳起來（指著圖畫和看著大人）

然後飛走（看著大人，然後指著圖畫）

他們去抓一條蟲（看著大人說，大人回答：「哦，真的嗎？）

4.**獨語式說故事**：幼兒以說故事的語調和日常非正式的說話方式，述說一整個故事，例如：

這是他的房子和他要去睡覺。他在讀一本書。他要去睡覺和他在讀一本書以後，他看到這裡上面的山的圖畫。這裡（停頓）有一些圖畫，這裡，然後他想他要去看看山，他要去……

(二)類似書寫語言

在這個階段，幼兒使用類似書上的書寫語言（文字），試著讀故事。

5.**讀和說故事混合**：這是從口說語言轉接書寫語言

的過程，幼兒述說故事時，有時是以類似書寫語言的語調，有時聽起來又像是口說語言，例如：

> 我的媽媽在那裡？
>
> 蛋跳起來和跳起來。
> 他破掉了。
>
> 我的小鳥寶寶都在這裡。
>
> （看著大人）蛋不跳了，是嗎？

6.**類似在讀原來的故事**：幼兒讀故事的字句和語調類似書上的書寫語言形態，例如：

> 現在他看到一個鏈子。
>
> "我在這裡，媽媽！
>
> 我在這裡，媽媽。"（翻到 46 頁）
>
> 小鳥寶寶說：
>
> "鏈子會對我做什麼？"（翻到 48 頁）

7.**類似逐字閱讀故事**：幼兒好像在回憶一本書，試著逐字地恢復真實的故事，例如：

> 你知道我是誰嗎？（短暫停頓）
>
> 是的，我知道你是誰。（停頓，抓抓頭）
>
> 你不是一隻牛，你不是一隻鳥——
>
> 我是說——你不是一隻貓，
>
> 你不是——
>
> 你是我的媽媽。

139

<u>第三階段</u>：試著看文字

　　幼兒約從三、四歲開始，試著看書中的文字。

　　8.察覺到文字而不願讀故事：幼兒察覺到書中的文字，而不願意看圖讀故事，例如：

　　　　大人：唸這個給我聽。

　　　　幼兒：我不知道這個故事。

　　　　大人：我也不知道。

　　　　幼兒：你知道。

　　　　大人：我不曾讀它。

　　　　幼兒：你能讀它。

　　　　大人：我怎樣讀？

　　　　幼兒：讀這個部分。（指著第4頁上的字）

　　　　大人：那是什麼？

　　　　幼兒：它是字。

　　9.部分選讀：幼兒注意到文字後，常開始著重部分的文字，有時可能著重幾個認識的字。

　　10.以不平衡的策略閱讀：幼兒讀文字時，常過度省略不認識的字，以他認識的其他字代替，或是過於倚賴自己預測的或記得的字，而不是書上寫的字。

　　11.獨立閱讀：幼兒自己能讀出書上的字，能自我糾正，不倚賴大人，顯示幼兒在運用其有關閱讀的知

識。

以上列舉的行為類型顯示，幼兒閱讀行為的發展不是從無知識開始，而是自然的發展階段，在這段過程中，幼兒持續地試著察知書中的圖畫或文字。

再者，幼兒的文學經驗也呈現在其對於文學的反應，通常有四種反應的方式 (Burke,1986, p.252)：

1.幼兒可能以沈默反應：安靜地"感覺"一個故事或一首詩。

2.幼兒可能以發問和評論反應：述說他個人對於這個故事的感覺和想法。

3.幼兒可能以動作反應：以身體動作自然和愉悅地反應，例如，擁抱書、觸摸插圖、比手劃腳等。

4.幼兒可能以一個藝術形式反應：戲劇演出、畫圖、唱歌、美勞創作、遊戲等。

例如，渥而夫（ Wolf, 1989 ）研究他的女兒在遊戲時的思考與對文學的反應，顯示幼兒在遊戲對話中會借用故事中的詞句，例如說：「像玫瑰的臉頰」、「頭髮黑得像深夜」；並在語言遊戲中自發地使用文學中的概念，例如當她幫媽媽清理櫥子時，注意到瓶中有一隻小青蛙，就借用了一個故事中的問題，

說：「請你幫我拿我的金球好嗎？」另外，此個案研究亦顯示扮演故事如何增進幼兒對故事的瞭解，例如讀小紅帽的故事時，媽媽演大野狼的角色，並且鼓勵孩子演小紅帽的角色，孩子在表演故事時，會主動地從周遭的物體尋找合適的道具，並使用手勢、臉部表情、和肢體行動流露出故事的情節與情緒，顯示出她已學到如何表現和擴展文學。

又例如，故事畫也是幼兒反應文學的常見方式，幼兒聽過一個故事後，接著將自己想像的故事分別畫在幾張圖畫紙上，老師再將幼兒述說的語句寫成文字，裝訂成一本幼兒自己的故事圖畫書，藉以發展著作（ authorship ）的意識（其例子，參見圖6-1：幼兒的故事畫）。

三、幼稚園裡的文學經驗

父母在家中和孩子一起讀故事書，圍繞著故事或插圖的談話，幫助幼兒擴展字彙和概念、以及瞭解他們生活中的社會世界。在家裡，父母和幼兒一起閱讀和分享故事書，是每日家庭生活的一部分，圍繞著故

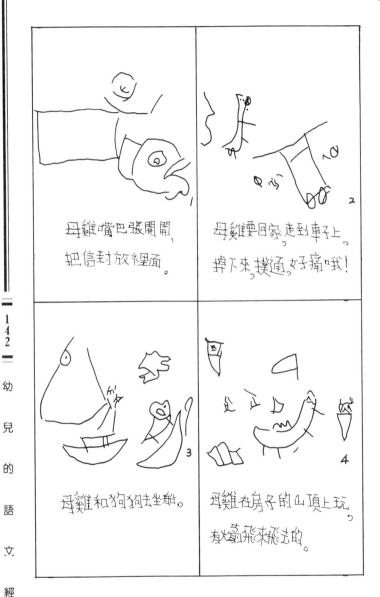

圖6-1：幼兒的故事畫

事書閱讀的溝通和活動,是建立家庭關係的一種方式,是家庭傳遞想法、態度、和價值的一種重要方式(Strickland & Taylor, 1989)。延續幼兒在家中的閱讀經驗,幼稚園亦需將圖書的閱讀和分享包含在每日的生活中,讓幼兒經常與書互動、與書為友、以及反應文學。

從幼兒的角度看,幼兒在幼稚園裡的文學經驗,具有下列目標(Williamson, 1981):

1.認識、享受、和重視許多類型的文學,感受到文學屬於他們,體會閱讀的價值。

2.發展對於故事的強烈感覺和概念,認識和回憶故事中事件的順序,或進一步認識情節結構和重複的主題。

3.以不同的方式主動和適當地反應文學,透過戲劇、美勞、郊遊、烹飪、偶戲、和其他創造性的活動獲得文學的意義。

4.認識和欣賞文字的魔力及力量,瞭解如何經由語言的藝術性使用而傳達意義。

5.從故事的人物中認明自己的生活和經驗。

在幼稚園裡,一個成功的文學方案應能引發幼兒呈現下列行為(Glazer,1986, p.69; Robison &

Schwartz, 1982, p.246 ），這些行為可做為計劃幼稚園文學方案的指標：

- 在自由時間選擇看書。
- 幼兒自動地重複閱讀老師曾經唸給他聽的故事書。
- 主動邀請別人參與閱讀或聽故事，與人分享故事。
- 為找資料而查看一本書。
- 自發地討論一個故事。
- 獲得和經常使用借書卡。
- 從家裡帶喜愛的故事書到幼稚園與人分享。
- 向他人介紹圖書或有關圖書的活動。
- 談論書中人物和其中發生的事情。
- 要求老師唸書給他聽。
- 自發地敘述故事，或使用玩偶、道具演出故事。
- 選擇透過藝術、音樂、律動、或戲劇反應文學。
- 自己創作故事。

　　文學經驗的第一步是幫助幼兒享受各類書，如本章前一節所述，一般通稱的幼兒圖書類別有故事書、資料書、和圖畫書，在幼稚園裡，另外還有老師和幼兒做的書，表 6–1（幼兒圖書的類型和特徵）分別列舉這四類圖書的特徵，顯示幼兒可從這四類圖書中發展的經驗。

表 6-1：幼兒圖書的類型和特徵

（引自 Machado, 1980, pp.93-94 ）

類　　　　型	老師喜歡的特徵	幼兒喜歡的特徵
故　事　書	• 分享的時刻 • 幼兒的熱誠和注意 • 發出書中人物的聲音 • 介紹人類的事實和想像的奇遇 • 分享最喜愛的書	• 想像和幻想 • 認明人物的人性 • 希望和需要的實現 • 冒險 • 興奮 • 情節 • 自我實現 • 視覺的變化 • 語言文字的樂趣
資　料　書	• 擴展個別和團體的興趣 • 共同發現	• 事實、資料、和想法的發現 • 真相和事實如何運作的瞭解 • 對「為什麼」和「如何」的答案 • 新的話語和新的意義
圖畫書(無字的書)	• 促進幼兒說話、創造力和想像	• 用他們自己的話說故事 • 意義的發現 • 顏色、情節、和視覺的變化
老師和幼兒做的書	• 建立對寫作的瞭解 • 容許創造的表達 • 記錄個人、團體的方案、郊遊、舞會 • 讓幼兒表達想法 • 建立幼兒的自尊	• 自我表達 • 和別人分享想法 • 激發創造力 • 看到口語和書寫語言的聯結

在幼稚園裡，須延伸和擴展家庭裡故事時間的經驗，讓幼兒經常有機會與圖書或各種文字材料互動，其中包括三種類型的閱讀經驗（ Gibson, 1989, pp.100－109 ）：

（一）**概念的準備**：朗讀

老師朗讀舊的或新的圖書，以充分的時間和幼兒討論所讀的意義。一天中，在故事時間、早上活動結束時、或其他時間，老師經常為一羣幼兒朗讀故事。另外，在進行有關幼兒興趣和生活經驗的活動主題（如：家庭、鄰居、季節等）的探索時，書常成為發現資料的中心資源，插圖和文字提供許多有關主題的資料，引發許多不同的問題討論。

（二）**引導的閱讀**：分享書的經驗

老師引導幼兒探究文字的內容（意義）和形式（寫出的規則）。老師可將押韻的、重複的簡短故事字句寫在大張紙上，指著一個一個字唸，經常重複地唸，讓這些字句成為幼兒所熟悉、預測、和期待的，幫助幼兒瞭解口語被寫下來，可呈現為視覺的字，每個字之間有些空格距離，幫助年幼的讀者進入文字的世界。當幼兒更熟悉特定的故事時，幼兒開始在故事

的脈絡中辨認字，這些字對他們是有意義的，讓幼兒統整地發展故事的意義和文字的知識。

(三)獨立的閱讀：語言藝術的時間

幼兒有機會個別地探索和閱讀文字材料，包括：圖畫書、在偶戲臺演出故事、聽故事錄音帶、看教師自製的大書、用絨布板說故事、塗寫字等，讓幼兒有充分的時間成為獨立的說故事者、閱讀者、和書寫者，並做為文字的主動生產者和轉譯者，讓幼兒覺得"我能做"有關書和故事的事情。

在幼稚園裡，為了增進幼兒與書的互動，參照幼兒對文學反應的有關研究，老師須察覺和應用下列幾項要點（ Burke, 1986, pp.250-251; Jalongo, 1988, pp.68-70; Teale & Sulzby, 1989 ）：

• 幼兒需要書，書對幼兒不是一個奢侈品，它們是主要的。

• 讓幼兒經驗到優良的文學，教室應放置許多不同類型的圖書，幼兒隨手可取拿翻閱，並將這些書推薦給家長。

• 幼兒正在形成文學的興趣傾向，因此讓他從許多圖書中選書的機會是很重要的，老師應提供各種圖書類型，讓幼兒有比較和對照同一故事之不同版本的經

驗。

• 幼兒需要書的分享者，需要與他人分享他們對書的反應，尤其是幽默、好笑的書。

• 幼兒需要時間聽、讀、和反應文學，最好經常有閱讀的時間。

• 幼兒需要看書、抱著書、和感覺書，需要從容的時間選擇他們自己的書，並且有時間慢慢地瀏覽書。

• 幼兒對於文學的反應有賴於老師的知識，老師對於幼兒自發的文學反應，要給予鼓勵和支持。

• 日常有說故事、唸故事、和演出故事的活動，也讓幼兒能組合和述說他自己的故事。

• 幼兒先前的經驗對文學的反應有很大的影響，因此應聯結閱讀和經驗，當進行某個主題時，即提供有關那個主題的圖書。

• 書用來延伸教室的學習單元，讓幼兒看到圖書持續地擴展幼稚園的生活。

• 與大人一對一地分享文學的機會，對於幼兒的讀寫發展是很重要的，因此須提供幼兒個別的故事時間，可邀請家長、大學生、或社區人士來園裡和幼兒一對一地分享文學，客人可自己帶來他最喜歡的書，讓幼兒察覺人們對圖書的個人情感，並察覺閱讀經驗可超越家庭和教室，和社區人士分享，瞭解閱讀是每

個人生活的一部分。

在幼稚園的教室裡，常是設置一個圖書角，讓幼兒獨立閱讀、分享書、與書互動，圖書角宜是溫馨、舒適的，在視覺和美感上能吸引和邀請幼兒自動前來閱讀，其佈置要點是：

- 可設置在教室的一個安靜角落。
- 可靠近窗口設置，引用自然光線。
- 遠離交通過道或吵雜喧鬧區（如：積木、戲劇區），不受干擾。
- 可以書架、櫃子、桌子、佈告板、絨布板、或黑板分隔圖書角，提供隱私，讓幼兒安靜地閱讀。
- 放置圖書的書架，符合幼兒的視線高度。
- 圖書一本一本地分別放在書架上，封面展開，藉以吸引幼兒前來取閱。
- 保持書的整潔，隨時更換。
- 鋪置柔軟的地毯、墊子、枕頭、沙發、搖椅、布偶、盆景、或擺飾等，有溫馨宜人的感覺。
- 牆壁上可張貼圖畫或插圖的海報。
- 適時更新圖書，新舊交替，持續閱讀的興趣。
- 圖書的來源，包括：學校圖書館、公眾圖書館、其他班級教室的藏書、或家長提供的書。
- 書架上也展示幼兒或老師自己創作和製作的書。

- 書的分類可用顏色標示，也可用顏色標示書架上放置的位置。

如更統整地從幼兒發展的觀點著眼，老師可選用有關的文學圖書做為教學資源，提供幼兒如表6-2、表6-3、表6-4、表6-5、表6-6分別列舉之有關幼兒的語言、智能、人格、社會和道德、及美感和創造性發展的文學經驗。

幼

兒

的

語

文

經

驗

表 6-2：支持幼兒語言發展的文學經驗

（引自 Glazer, 1986, pp.109-112 ）

發展的目標	提供幼兒文學經驗的建議
幼兒能使用成熟的語句	• 提供豐富和多樣的語言樣本。 • 讓幼兒接觸各種書寫的樣式。 • 經常唸書給幼兒聽。 • 鼓勵幼兒自己唸書。
幼兒能擴展字彙	• 在一個故事的情節中介紹新字，讓幼兒從情節中解釋字的意義。 • 讓幼兒以他們自己的話重述一個故事。 • 使用故事中的語句引發幼兒個人的反應。 • 分享字彙的概念圖書，讓幼兒從某個字句和圖畫中創造句子或故事。 • 讓幼兒以身體動作反應一個故事或詩歌的字句。 • 為幼兒唸許多同一主題的書。 • 引導幼兒使用正確的字彙，述說類似於書中的個人經驗。 • 引導幼兒戲劇化演出故事，使用他們曾聽過的字彙。
幼兒能享受語言的創造性和美感	• 閱讀有關語言遊戲的圖書，接著讓幼兒自己進行語言遊戲。 • 經常唸詩歌給幼兒聽。 • 讓幼兒聽繞口令。 • 老師唸書時，讓幼兒跟著唸書中的重疊句。 • 呈現語言的視覺遊戲，如：字謎。 • 猜謎語和有關文字意義的其他遊戲。

幼兒能成為熟練的聽者	• 給幼兒一個特定的聆聽目的。 • 讓幼兒參與說故事。 • 示範適當的傾聽行為。 • 建議幼兒在聽故事時,創造心理的意象。 • 為幼兒重唸故事,以檢核他們原來的印象。
幼兒能學習閱讀	• 分享文學,讓幼兒聽到較常出現在書寫中的語言類型。 • 握持著書,讓幼兒觀看閱讀的過程——看文字、翻書頁。 • 重唸幼兒喜愛的故事和詩歌。 • 教學助理或家長為幼兒個別地唸書。 • 展示圖書的方式,能方便於閱讀。 • 將幼兒知道的兒歌製成圖表或個別的小冊。 • 展示的書,包含有幼兒知道的兒歌。
幼兒能有效地以口語和書寫溝通	• 將幼兒口述的故事筆錄下來。 • 讓幼兒說他們喜愛的故事。 • 讓幼兒用絨布板重述一個故事。 • 讓幼兒戲劇化演出故事。 • 鼓勵幼兒使用面具和布偶做戲劇表演。 • 讓幼兒為無字圖畫書提供文字內容。 • 將幼兒述說無字圖書的情節錄音下來。 • 讓幼兒進行團體說唱。 • 幼兒兩人一組做遊戲,一位描述書中的一張圖,另一位試著找到它。 • 容許幼兒在活動時做非正式的交談。 • 建議需要團體互動和討論的活動。 • 當幼兒塗寫字時,和他們討論。

表 6-3：支持幼兒智能發展的文學經驗

（引自 Glazer, 1986, pp.143-145）

發展的目標	提供幼兒文學經驗的建議
幼兒能繼續獲得新概念，並改進已有的概念	• 分享概念和資料性的書。 • 讓幼兒比較實際經驗和書中的資料。 • 使用書做為視覺的教學輔助。 • 閱讀幾本同一主題的書，提供一個以上的觀點。 • 使用圖書做為進一步探索的一個刺激。 • 呈現書，增強已獲得的概念。 • 閱讀有助於澄清錯誤概念的書。
幼兒能發展各種思考的技巧	• 讓幼兒觀察和描述插圖的細節。 • 用書中的插圖做觀察的猜想遊戲。 • 讓幼兒述說無字圖畫書上的故事。 • 鼓勵幼兒做預測。 • 比較一本書內插圖的變化。 • 分享有關物體分類的書。 • 進行圖書的分類活動。 • 戲劇演出故事，讓幼兒組織事件順序。 • 讓幼兒應用有關"如何做"的書上資料。（如：摺紙書）
幼兒能擴展邏輯推理能力	• 讓幼兒預測一個故事接著將發生什麼。 • 讓幼兒從詭計或幽默的書中，發現錯誤。

幼兒能使用批判思考的技巧	• 問有關書上的問題，問題超越字面以上。 • 計畫能引發擴散反應的問題和活動。
幼兒能成功地解決問題	• 讓幼兒說明書中人物面臨的問題。 • 讓幼兒腦力激盪思考問題的可能解決方式。 • 鼓勵幼兒參照結果評估問題的可能解決方式。 • 讓幼兒從事想像的和幽默的問題解決方式。

表 6-4：支持幼兒人格發展的文學經驗

（引自 Glazer, 1986, pp.178-180）

發展的目標	提供幼兒文學經驗的建議
幼兒能衡量證據，做適當的選擇	• 讓幼兒自己做選擇，並尊重他們的選擇。 • 鼓勵幼兒選擇他們自己的書，做獨立的細讀。 • 閱讀一本圖書之後，讓幼兒選擇接著的延續活動。 • 變化所提供的選擇類型。 • 幫助幼兒做負責任的選擇。
幼兒能為自己設定工作，並完成工作	• 引導幼兒確定他們的工作。 • 讓幼兒持續工作，列出工作中待答的問題。 • 讓幼兒決定如何分享一個故事。 • 建議幼兒可達成但具有挑戰性的工作。
幼兒能發展積極的和實際的自我概念	• 選擇的書，強調幼兒具有能力。 • 選擇的書，顯示書中人物積極而實際地看他們自己。 • 選擇的書，顯示幼兒的成長和改變。 • 閱讀圖書，書中顯示幼兒能應付問題。 • 選擇的書，能提供種族和性別角色認同的模範。 • 討論幼兒對於適當的性別角色行為的想法。

幼兒能發展自重和自尊的感覺	• 選擇確定自我價值的文學。 • 選擇支持個人人格的文學。 • 讓幼兒做有關他們自己的小冊子和錄音帶。 • 閱讀的書,給予幼兒一種安全感。 • 計畫能促使幼兒互相稱讚的活動。
幼兒能開始認識他們自己的價值,並且選擇價值	• 引導幼兒討論書中的價值衝突,讓幼兒決定他們同意書中那位人物的看法。 • 鼓勵幼兒評估某個信念的理由。
幼兒能瞭解他們的情緒,並以社會容許的方式表達情緒	• 分享圖書,書中顯示幼兒常有的情緒。 • 結合許多書,探索一種情緒的許多面。 • 呈現處理情緒的各種選擇。 • 顯示一個人物常經驗許多情緒。 • 讓幼兒透過偶戲和角色扮演等戲劇活動的對話表達情緒。 • 讓幼兒使用某一本書的形式,述說他們的情感。 • 提供幼兒有關新經驗的知識。 • 鼓勵幼兒談論他們的恐懼。

表 6-5：支持幼兒社會和道德發展的文學經驗

（引自 Glazer, 1986, pp.214-216 ）

發展的目標	提供幼兒文學經驗的建議
幼兒能推想別人的情感和意向	• 讓幼兒說明插圖中人物的身體語言。 • 讓幼兒說明老師唸的書中對話之音調變化的意義。 • 鼓勵幼兒說明字面以上的對話意義。 • 幫助幼兒聯結情節的順序和書中人物的情感和意向。 • 鼓勵幼兒聯結他們自己的情感和書中人物的情感。
幼兒能從一個以上的觀點看一個情境，看到別人的觀點	• 為幼兒唸呈現數個觀點的書。 • 讓幼兒分析某些人物之有限制的觀點。 • 讓幼兒想像自己是另一個人。 • 讓幼兒角色扮演在一個情境中一個以上的角色。
幼兒能從事利社會行為	• 閱讀有關分享的書，書中呈現利社會行為的模範。 • 讓幼兒討論能提供給別人的幫助。 • 比較助人的主題。
幼兒能判斷特定行為的適合性，和預測此行為的可能結果	• 讓幼兒評鑑書中人物的行為。 • 讓幼兒建議書中人物之其他可能的行為。

幼兒能知道別人不同於自己，並重視這個不同	• 呈現的圖書，書中重視人們之間的不同。 • 閱讀一本以上的書，書中是有關一羣特定的人們。 • 分享來自於其他國家的文學。
幼兒能從事團體活動	• 讓幼兒從事團體的說唱。 • 活動的結構讓幼兒必須一起工作。
幼兒能評估解決道德和倫理問題的各種方式	• 閱讀的書，書中人物從事各種階段的道德推論。 • 讓幼兒建議和說明書中呈現的道德或倫理問題。 • 讓幼兒為特定的解決問題方式，選擇其"最好的"理由。 • 讓幼兒比較幾本書中一個道德問題的呈現。

幼兒的語文經驗

表 6-6：支持幼兒美感和創造性發展的文學經驗

（引自 Glazer, 1986, pp.249-252 ）

發展的目標	提供幼兒文學經驗的建議
幼兒能反應藝術的各種類型	• 讓幼兒看到藝術是個人表達的一種形式。 • 顯示一位以上不同的藝術家如何詮譯同一個故事或人物。 • 讓幼兒比較一個動物如何出現在幾本書上。 • 引導幼兒看圖畫書上各種插圖的藝術樣式。 • 鼓勵幼兒仔細地觀察插圖。 • 讓幼兒進行書中呈現之美勞活動。
幼兒能察覺他們的環境	• 閱讀作者以感官的詞句抒寫的散文和詩歌。 • 讓幼兒嘗試書中描述的感官經驗或探索。
幼兒能使用、試驗、和控制各種藝術媒介	• 讓幼兒試驗圖書插畫家選用的媒介。 • 鼓勵幼兒畫出他們口述或寫的故事和兒歌。 • 引導幼兒嘗試書中描述的藝術技巧。 • 讓幼兒透過兩度和三度空間的藝術方式，以反應書。
幼兒能反應音樂和樂器	• 分享歌曲的圖畫書。 • 以視聽的形式呈現文學，讓幼兒聽音樂伴奏和較複雜的歌曲。 • 讓幼兒配合文學使用樂器。 • 鼓勵幼兒反應著詩歌或故事做律動。

幼兒能使用想像，參與藝術、音樂、和律動	• 計畫能引發擴散反應的活動。 • 呈現創造性的書。 • 鼓勵幼兒給予一個以上的反應。 • 經常給幼兒機會，讓其選擇他們希望使用的反應媒體或型態。 • 呈現能促進藝術之瞭解和欣賞的書。

四、說故事、唸兒歌

故事與歌謠是古老而有趣的藝術形式，它似乎是人類性格的一部分，呈現在世界上所有民族的幼年生活裡。在一般的幼稚園裡，幼兒也經常聽老師說故事、唸故事書，以及唸兒歌，本節乃針對這兩類最普徧、而歷久彌新的文學經驗，簡述其實施的要點。

(一)說故事

在家裡親子共讀的過程中，母親陪伴幼兒閱讀時，常會建構一個整體的語言鷹架，親子間的對話方式包括：吸引幼兒的注意、問幼兒命名的問題（如：這叫做什麼？）、等待幼兒回答或母親自行回答、以及給予幼兒回饋等。而在幼稚園裡，老師與個別幼兒、一小組幼兒、或一羣幼兒共讀的過程中，老師說

故事或唸故事書的語言鷹架,即形成幼兒對故事的欣賞與瞭解,使故事成為幼兒在幼稚園生活的一部分。

說故事活動對幼兒的價值,除了發展閱讀的興趣、激發更多的文學經驗、充實和擴展字彙、增進聆聽和理解的技巧,還可在圍繞著老師聽故事時,發展與老師之間的積極親密關係。有關的研究發現,每天為幼兒唸故事書,可增進他們對故事的瞭解和重述能力,唸過故事後,重溫和復習書中的主要概念,可增進幼兒回憶故事的能力(Mason, Peterman, & Kerr, 1989)。

在幼稚園的室內或戶外場所,老師向一位幼兒或多位幼兒讀故事書,可參考運用下列幾個要點 (Burke, 1986, pp.37-40; Machado, 1980, pp.96-97; Mason, Peterman, & Kerr, 1989; Sawyer & Comer, 1991, pp.38-39):

1.在閱讀之前

- 老師自己先有足夠的時間讀故事書,熟悉書中人物和故事情節,熟悉故事中的話或重複的字句,知道故事中發生的事件和次序,並注意需要被修飾或補充的部分。

- 說故事時間可以是在任何時間,但最好安排固定的故事時間,讓幼兒產生快樂的期待;在輕鬆的

時段說故事，保留足夠的時間，讓幼兒從容享受聽故事的樂趣。

- 安排幼兒和老師都覺得舒適的一個場所，有適當的光線和溫度、通風，避免位在交通道上和受到嘈雜的干擾；老師靠近幼兒坐著，讓幼兒坐在小椅子或地毯上，圍成半圓的情境，以容許最大可能的眼神接觸。

- 盡可能對小團體、而不是大團體講故事，或將一班幼兒分成兩組，以容許更多互動、發問、和討論的機會。

- 選書考慮幼兒的興趣和注意廣度，插圖夠大，確定所有幼兒都看得見插圖。

- 拿著書在你的左側或右側，面向幼兒，放在幼兒的視線高度，讓幼兒看得見兩邊的書頁。

- 在開始前，確定所有幼兒都能清楚地看見書；在開始時，停頓一會兒，讓幼兒集中注意。

- 先介紹書，指著封面的字唸出書名、作者和繪圖者的姓名，或讓幼兒試著唸封面上的字，述說他們已認得的字。

- 讓幼兒根據書名和封面圖畫推測書的內容，或述說他們自己與圖書主題有關的自身經驗。

- 作引起動機的介紹，或為幼兒設定一個聽故事的

目的,以引發幼兒聽故事的意願,例如:「在這本書裡有一個男孩,他想要給媽媽一個生日禮物」;「你們想知道動物們晚上去那裡睡覺嗎?」「在這本書的最後一頁,是一個快樂的怪物圖畫,怪物是真的還是假的?」

2.在閱讀之時

• 讀故事書時,不時地瞥一眼書中的字句,指出與文字有關的插圖上的事物,即轉而接觸幼兒的眼神,使得你的聲音能傳向幼兒,並隨時注意到幼兒的反應。

• 使用聲音:清楚地讀故事書,說話的速度要使幼兒能看見插圖和聽見你正在讀的,有時可改變聲音——柔軟、大聲、嘲弄、急促、或緩和,以適合書中的人物;注意維持故事的節奏,在興奮或快動作的部分,唸得較大聲和較快些,而在故事的某些重要部分,輕聲的耳語可能是最有效的。

• 身體語言:使用表情或姿勢,戲劇性地強調故事的主要部分,但避免過度誇張,而使得幼兒只看著你,而不是書。

• 為了吸引幼兒對圖書的注意,可在情節轉換之前停頓,讓幼兒想想或有所期待,或在故事的懸疑處停頓,提示幼兒:「接著可能發生什麼?」「

佩芬，你能看到咪咪貓的尾巴嗎？」

- 讓一位分心的幼兒移動位置，靠近書坐，或把手放在那位幼兒的肩上，順著故事內容問：「明立，你想現在會發生什麼？」以吸引其注意力。如果一定得停頓，儘可能簡短，即繼續說故事，不要多說額外的話。

- 有時為了維持故事的連續性，故事講完後，才讓幼兒討論故事情節，如有的幼兒中途插話，可對他說：「請等一下再告訴我們」。

- 順著故事情節的發展，有時讓幼兒以行動或口語參與故事、積極聽故事，例如：

——讓幼兒說熟悉人物的對話。

——模擬行動，如：「讓我們敲敲門！」

——預測結果，如：「你想小漢會看到什麼？」

——問意見，如：「你們最喜歡什麼？」

——回憶先前的故事部分，如：「熊爸爸曾對小熊說什麼？」

——談論有關的經驗，如：「愛伶，你的小狗不是也叫西西嗎？」

——唸押韻的字、重複的字、或可預測的結果時，停頓下來，讓幼兒接著說出字句。

3.在閱讀之後

- 說完故事後，你可再從頭安靜地慢慢翻書頁，不要說什麼話，讓幼兒自己看，回憶剛才聽過的故事，如此可能提示幼兒想說、想問、或再討論的事。

- 簡短地複習故事的成分（如：場所、問題、目標、和解決方式），以幼兒生活中類似的經驗提示書中人物發生的事件。

- 在讀完故事書後，你可能要問一些討論的問題，以鼓勵幼兒澄清想法、使用詞彙、和表達自己特別喜歡的故事部分。

- 讓幼兒進行有關故事內容的延續活動（如：畫圖、演戲）。

- 提供幼兒自行閱讀的機會。

(二)唸兒歌

原來早先的幼兒教育不是交給幼稚園、托兒所，而是由母親或祖母在家中輔育和教養幼兒，幼兒自呀呀學語時起，就隨著母親或祖母學會了一些短的兒歌，其內容常含有生活倫理和情趣，配合日常生活的一舉一動，或伴著遊戲動作，抒情或敘事，兒歌因此是深入兒時生活的一種口口相傳的教育方式。一首簡短的兒歌傳遞在日常生活中，例如（引自朱介凡，民

74，頁 71，175 ）：

母親抱著嬰孩在膝上，握著嬰孩的雙手，以兩手的食指頻頻接觸，唱著：

點點，蟲蟲，飛！

或在孩子洗完澡，光著腳時，點數著他的腳趾頭唸著：

這個小牛兒吃草，這個小牛兒吃料，

這個小牛兒喝水，這個小牛兒打滾兒，

這個小牛兒竟臥著，咱們打它。

幼兒在遊戲時，也常配合著動作唸兒歌，例如，一面跳橡皮圈一面唸，或一面拍球一面唸：

小皮球，香蕉油，

滿地開花二十一，

二五六，二五七，

二八二九三十一

……………。

或在踢毽子時，一面踢，一面唸著：

一個毽兒，踢兩瓣兒，

打花鼓，繞花線兒，

裡踢，外拐，

八仙，過海，

九十九，一百。

又例如，元元和方方在家門口玩。

元元唸著：「城門城門 "雞蛋糕"，三十六把刀，騎白馬，帶把刀，走進城門滑一跤。」

方方：「不對啦！是城門城門 "幾丈高"，不是 "雞蛋糕"。」

元元：「你才不對，明明是 "雞蛋糕"，才能用三十六把刀切啊！」

以上幾個唸兒歌的例子，顯示兒歌原是自然地配合著日常生活的一舉一動，或伴隨著遊戲動作唸唱，而不是幼兒坐在教室裡集體反覆唸誦的教材。兒歌從幼兒的心性、生活、遊戲情趣、以及語言的感受出發，讓幼兒涵詠之際，體會語句詞彙的豐富、轉折、和情趣，一般的兒歌有著下列特徵（朱介凡，民74，頁27）：

1.**句式自由**：兒歌句式大多整齊而有變化，或是活潑而無定式。

2.**結構奇變**：兒歌的結構多彩多姿，常常出人意

表。

　　3.**比興特多**：兒歌常以比喻起興來引發。

　　4.**聲韻活潑**：兒歌聲調活潑，押韻而順口，有著韻律和節奏。

　　5.**情趣深厚**：兒歌充滿事物的聯想和語音的聯想，十分逗趣。

　　6.**意境清新**：兒歌的詞句天真、純情、清新宜人。

　　7.**言語平白**：兒歌的語言是尋常、簡單、樸素的，關聯著日常生活。

　　8.**順口成章**：兒歌的遣詞造句，順口搭白，可順口說唱。

　　幼兒很喜歡發出不同的聲音和節奏來嬉戲，幼兒將字和各種不同的聲音拿來拼拼湊湊說著玩，或是唸押韻的兒歌童謠，幫助幼兒瞭解和欣賞語言的可塑性（王瑋等譯，民 77，頁 372 ）。兒歌有押韻和節奏，常能引發幼兒搖動身體或拍手，讓幼兒學到新的語詞、想法、態度，享受語言藝術的樂趣和幽默，培養對語言的敏感性和想像性。在幼稚園裡，老師即是讓幼兒享受這種語言藝術的口傳者，傳遞給幼兒的兒歌，宜具有下列的特徵（ Burke,1986, p.85; Goody, 1983 ）：

　　• 有節奏的語言，字句聽起來是悅耳的、和諧的。

- 有押韻，幼兒可以預期押韻的字。
- 情緒的吸引和激發。
- 熟悉的主題，有關幼兒的生活經驗，是有趣和幽默的。
- 可引發動作的反應，例如：踏腳、拍手、搖擺、跳動。
- 有簡短和簡單的意象，能在幼兒的經驗中創造圖畫。
- 除了音樂性的聲音，其內容還提供幼兒可玩味的一個想法或感覺。
- 有趣、好玩，有一些幽默感。

　　在幼稚園的教室生活中，可透過下列方式呈現兒歌（ Jacobs, 1972 ）：

- 經常向幼兒唸兒歌，讓幼兒期望和要求聽它。
- 利用各種零星時間或活動轉換時間，帶領幼兒唸誦兒歌。
- 可建議幼兒一起唸誦，但不應只限於團體時間才唸，亦不應挑選一位幼兒，強迫他唸誦。
- 唸有關當前情境的兒歌，如：季節、天氣、節日、或閱讀經驗等。
- 和幼兒分享兒歌，尤其是幼兒自己編的兒歌。

- 唸手指謠和戲劇扮演兒歌。

- 使用繪畫，黏土、木工、壁畫、塗寫等各種媒介
  呈現兒歌。

- 從報紙、雜誌、書、或幼兒作品中搜集最喜愛的
  兒歌。

- 參照有關幼兒興趣和學校事件的主題，安排唸兒
  歌的時間。

- 準備兒歌的錄音帶，可單獨聽或和音樂一起聽。

- 可在室內或戶外、車上、活動之間唸誦享受。

  就如兒歌原來是深入生活的一舉一動，在幼稚園
裡，兒歌也應保留其自然的情趣，藉以聯結日常作
息，充實教室生活，而不是機械式的背誦而已。

本 章 摘 要

　　廣義而言，幼兒文學泛指一切思想、想像及感情的表現，透過文字和圖畫表現。幼兒圖書一般分爲：故事書、資料書、和圖畫書，選擇這三類圖書時，分別有其需注意的要點。

　　幼兒的文學經驗，是幼兒與圖書互動的過程，對幼兒的成長和文化的傳遞有其意義和價值。幼兒的文學經驗具體呈現在其閱讀行爲的發展，分成三個階段：萌發的讀者，早期的讀者、和流暢的讀者。幼兒的文學經驗也呈現在其對於文學的四種反應方式：沈默、發問和評論、動作、或以藝術形式反應。

　　幼兒在幼稚園裡的文學經驗，宜延續幼兒在家中的閱讀經驗，讓幼兒經常與書互動、與書爲友、以及反應文學。文學經驗的第一步是幫助幼兒享受各類故事書、資料書、圖畫書，以及由老師或幼兒自製書。在幼稚園裡，幼兒與圖書互動，其中包括三種閱讀經驗：概念的準備（朗讀）、引導的閱讀（分享書的經驗）、以及獨立的閱讀（語言藝術的時間）。從幼兒發展的觀點著眼，老師可選用有關的文學圖書作爲教學資源，提供幼兒有關語言、智能、人格、社會和道

德、以及美感和創造性發展的文學經驗。

　　本章最後，並針對幼稚園裡最通常的文學經驗：說故事、唸兒歌，簡述其實施的要點。

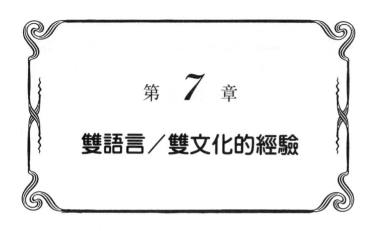

第 *7* 章

雙語言／雙文化的經驗

　　在臺灣社會，有的幼兒可能在家中說方言（如：閩南語、客家話、原住民語言），到了幼稚園就常得說國語，幼兒會成為雙語者，即是因為他們被期待在學校裡說一種語言，而回家和家人說另一種方言（母語），即在早期學習和發展兩種語言。另外一種雙語發展的趨向是，幼兒被送到以英語教學的幼稚園，或有時到英語補習班或才藝班學英語。

　　我國幼兒的雙語發展，可能有其不同的立場和情境，就方言而言，閩南語、客家話、原住民語言等原是這些族群幼兒的第一語言（母語），國語則可說是幼兒的第二語言，是學校、社會、和大眾媒體通用的主流語言。而就英語而言，閩南語、客家話、原住民

語言、或國語是幼兒的第一語言（本國語），英語則是屬於外國語的第二語言，日常並不通用於本地社會；然而，如我國幼兒移民到了英語語系的外國，英語即是該國通用的主流語言。

有關雙語言的論題，除了論及幼兒如何學習和發展兩種語言，亦常論及第二語言的學習是否會影響或削弱幼兒的第一語言（母語或方言）。尤其語言又涉及文化的認同，語言的詞彙和表達方式常反映該族羣對生活和事物的看法，幼兒在學習兩種語言之際，即可能同時涉及兩種文化系統和價值觀，此即所謂雙語言／雙文化（ bilingual ／ bicultural ）的經驗。

當今臺灣社會正朝向多元化社會發展，尤其國際性重新思考原住民族歷史位置，國內也開始引進「多文化社會」（ multi-cultural society ）的概念，必須採取一定的措施以確保多文化的存在，「保持文化差異」於是成為推動著「多文化社會」的人本主義的表現，臺灣社會慢慢形成的各族羣「雙語教育」是一個微小的指標（瓦歷斯‧尤幹，民 81 ）。多元文化（ multiculturalism ）的觀念，強調接納和尊重所有族羣的語言和文化特質，摒除社會上多數族羣的本位觀點。從文化傳承的觀點看，我國幼稚園的雙語教育除了一般常論及的英語教學，更須注意和關懷保存

幼兒的母語或方言，在幼稚園裡可自然地使用方言和國語來交談，以雙語溝通交談，顯示語言的彈性，也顯示文化的包容性和多元性。

目前有關雙語發展的知識，大多是取自英語爲主的雙語研究結果，由於中、英文化語言與文字的基本差異，本章第一節闡述西方文獻中有關幼兒雙語發展的知識，乃是提供做爲瞭解雙語幼兒的初步參考；接著第二節闡述美國的雙語言／雙文化的幼兒教育方案的實施取向，以提供做爲發展多元化社會之雙語教育的借鏡參考。美國的語言文化狀況與我國自有不同，本章只在初步引介一種雙語言／雙文化的教育觀點，展現語言和文化發展中需要關懷的一個方向，一個國家或族羣的雙語言／雙文化教育課題，涉及兩種語言之語言學和兩種社會之文化人類學的深奧課題，有待長時期的本土實地研究或試驗發展。

一、雙語言的發展

在中國語文心理研究方面，以中文爲主的雙語研究，或是方言與方言間的雙語行爲，是尚未充分開展的重要課題之一。我們對中國人第二語言的學習、認知、知覺、和產生歷程等，目前尚缺乏明確的認識，

其中重要的課題包括：(1)第一語言與第二語言的發展階段之區分性比較；(2)學習第二語文對第一語文的影響；(3)雙語之間在基本概念發展上的異同；(4)雙語混合使用現象；(5)使用雙語時的聽收策略與方法等（高尚仁，民 71 ）。雙語研究，不僅深具教育和實用的價值，另外對語文行為的理論性反省和創新，也有重要的影響。

幼兒的雙語是指在生命開始的五年中，獲得兩種語言。在現代語言學中，著重於區別「語言能力」（language competence ）和「語言表現」（ language performance ），能力是指一個說話者具有之語言規則的內在知識，表現則是指說話，一位雙語的說話者在兩種語言上已具有其能力和表現。但由於每一種語言系統有其複雜性，相對於其他同年齡的幼兒而言，雙語的幼兒可能在兩種語言上有不同程度的能力（Gingras, 1983 ）。一般而言，幼兒的雙語主要包括下列情況（ Garcia, 1980 ）：

1.幼兒能瞭解和（或）產生兩種語言的某些方面。

2.幼兒在社會互動過程中，自然地顯露在兩個語言系統中。

3.同時發展兩種語言，而不是先精通母語、再開始獲得一個第二語言。

綜合有關幼兒雙語發展的研究，發現：

1.在幼兒時期獲得不止一種語言，是文獻上有所記載的現象。

2.獲得兩種語言可能是平行的，但並非一定是平行的，一種語言的特質可能延後、超前、或與其他語言平等地發展。

3.兩種語言的獲得可能使幼兒發展一種交互的語言，合併兩種語言的特質（如：字彙、語形、和造句）。

4.兩種語言的獲得在發展上不會妨礙其中一種語言的獲得，幼兒顯露在兩個語言系統中，不致妨礙語言的發展；但是雙語的獲得是否會增進一般語言的發展，則缺乏這方面的研究證據。

5.雙語的獲得可能增進認知的彈性，然而，這種增進是由於雙語或是其他潛在的文化因素，則尚待研究。

雖然幼兒學習語言的過程可能是相同的，就如第一語言獲得的速度不同，幼兒學習第二語言的速度也是不同的。目前的研究顯示，幼兒在年齡很小時即能開始獲得一個第二語言，一般而言，幼兒在五歲之前顯露在第二語言的適當情境，愈可能獲得如母語般發音流利的第二語言能力。然而，當一個人到達十三、

四歲的青春期，才顯露在第二語言中，將不可能完全精通第二語言，一個人過了青春期後學習第二語言，愈可能帶著明顯的口音。有研究（ Walsh & Diller, 1981 ）指出，語言的發音、語調、口音的學習，是屬於基本而較低階的語言學習，必須在十一或十二歲前學習，才能事半功倍；但是，屬於高階語言學習，如：字義、句意、語意、或文化方面的學習，則是認知能力愈成熟，愈能有效地學習，年齡較長者已經由學母語的過程中，瞭解部分語音規則、語言結構和語意的特性，這些整體結合的語言知識，成為他的語言學習經驗，能幫助他解決在學習第二語言時所面臨的困難，而獲得理想的長期效果。

綜合有關的研究結果，檢視一般人對於幼兒獲得第二語言常有幾個錯誤的觀念（ Soto,1991 ）：

第一個錯誤觀念是幼兒比大人更容易獲得第二語言。雖然早期的雙語不會傷害幼兒的語言發展，幼兒不經由明顯的教導即獲得第二語言，但是有關幼兒和大人學習第二語言的比較研究顯示，幼兒除了較易學得準確的腔調之外，學習第二語言的表現比大人拙劣，在發音技巧的領悟和學習速度上也比大人緩慢。

第二個錯誤觀念是幼兒愈小，能愈快獲得一個第二語言。沒有研究證據顯示學習第二語言的關鍵時

期，而有的研究顯示成人和青年獲得第二語言比幼兒快，年齡較大者，學習第二語言的文法和字型的速度也較快。然而，如果幼兒自然地處在一個第二語言的環境中，則較可能比大人精通較高層次的第二語言。

　　第三個錯誤觀念是幼兒獲得一個第二語言，只經由單一途徑。語言學習的變異性涉及社會的、語言的、和認知的交互聯結過程，幼兒學習第二語言，有其複雜的個別差異，學習者的特徵和學習結果之間的關係不是簡單的，沒有一個特徵能決定語言學習，因為社會情境、輸入、和互動都是很重要的。第二語言的學習過程不能孤立於幼兒的文化學習，人種誌研究探究語言和文化不同的幼兒，發現教室型態也需要做文化的反應，幼兒需要發展對於雙語的信心和積極意識。

　　幼兒獲得第二語言的過程需要許多嘗試和錯誤，就像學習走路的技巧一樣，需要探索和試驗，幼兒獲得語言的嘗試和錯誤時期，需要大人接受的態度。幼兒獲得第二語言的方式類似於學習第一語言，皆是經由照顧者的語言方式，即大人順應著幼兒的語言行為，其特徵是（Garcia, 1980）：

　1.其目的不是明顯地教幼兒語言，而是幫助幼兒瞭解正被溝通的意義。

2.它面對此地和此時（ here and now ）。

3.它使用簡單的短句，當幼兒年齡較長時，則轉變成較複雜的句子。

4.它使用的句子，比幼兒正使用的稍微複雜。

5.它經常重複句法的類型。

6.它停頓較久、而較緩慢。

照顧者的語言呈現上述特徵，能做為幼兒之語言獲得的輸入方式，幼兒以這種學習第一語言的相同方式來學習第二語言，是最有效的。強調文法結構的嚴格教學是不適當的，因為這樣可能混淆和干擾第二語言獲得的自然進展。

二、雙語言／雙文化的教育取向

在美國，非英語背景（ Non-English Language Background，簡稱 NELB ）的幼兒逐年增加，尤其從各個開發中國家（如：越南、高棉、寮國、海地、波多黎各等）移民至美國的兒童，使得愈來愈多雙語言／雙文化的幼兒出現在幼兒教室，雙語教育即成為美國幼兒教育的重要課題。本節闡述美國實施雙語言／雙文化教育方案的經驗，提供參考。

在美國，雙語教育通常是指針對語言的少數民族

學生（language minority students，說一種少數民族的語言，如：說越南話）的教育方案，這些學生常在英語精通上有限制（Limited in English Proficiency，簡稱 LEP），在說英語的學校中常有學習上的困難，呈現較低的學業成就。美國的雙語教育方案有許多形式，它們的基本特徵是：以兩種語言進行教學；方案所服務的學生的母語是一種語言，並讓學生學習學校教學的語言，以之為第二種語言，以增進學業的運作能力（Wong Fillmore, 1986）。

　　1975 年，美國公民權委員會（U.S. Commission on Civil Rights）強調，語言是表示思想的方式，是複雜思考的媒介，教師必須能以兒童的母語溝通，教學的課程也必須明顯地反映兒童的母語。雙語的定義不僅是語言學上的，也須考慮認知的和社會的層面，因為語言的獲得是在社會情境中的認知發展。美國的兒童、青年、和家庭行政部門（Administration for Children, Youth and Families）因此發起一個全國性的努力，支助各地的「從頭開始中心」（Head Start Centers），實施雙語言／雙文化方案，其中努力的四項領域是：課程發展、教師訓練、資源網路發展、研究和評鑑，雙語教育可說是幼兒教育成熟的自然擴展。

從教與學的角度看，雙語教育有兩種不同的取向（ Soto, 1991 ），一者強調正式的語言教學，另一者則根據現有的雙語研究和兒童發展的知識，著重於自然的語言獲得，提供一個支持的、自然的、語言豐富的環境，給予兒童接納和有意義的互動。另一方面，從母語和第二語言的關係看，雙語教育有兩種取向，一種是增加的（ additive ）取向，著重於增加一個第二語言，而同時也支持母語；另一種是減去的（ subtractive ）取向，教一個第二語言，以代替母語，最後母語即被取代而消失了。

雙語教育在使用兩種語言的時間安排上，有幾種不同的安排方式（ Wong Fillmore,1986 ）：

1.使用兩種語言的時間相同，每種語言使用一個時段，例如：早上使用第一種語言，下午使用第二種語言。

2.使用兩種語言的時間大致相同，但沒有預先分別安排時間，兩種語言可能在任何特定時段使用。

3.在較長的期間，分別使用兩種語言，先以學生的第一語言開始教學，只逐漸呈現第二語言，當學生逐漸精通第二語言，即增加第二語言的使用，最後第二語言代替第一語言，做為教學的媒介。

4.從開始時，以學生的第二語言主導著教學，第一

語言使用在教某些特定的教材，在需要時有教學助理協助，兩種語言的使用分配，部分是配合教材，部分是參照功能的需要。

然而，雙語教育是否應在時間或情境上被劃分（如：星期一和星期五說第一種語言，星期二和星期四說第二種語言；甲教師說第一種語言，乙教師說第二種語言），仍有待進一步研究評估。

在美國，針對語言的少數民族兒童，有下列幾種不同取向的雙語教育實施方案（Garcia, 1980）：

1.浸入方案（immersion programs）：

在正式的教育課程中，只使用兒童的第二語言。

2.非浸入方案（non-immersion programs）：

在課程中使用兒童的母語和第二語言（英語），其中又分成兩種模式：

(1)過渡／英語為第二語言 (transition/ESL)（English as a Second Language）方案：

初期使用兒童的母語教學，但著重於讓兒童過渡到英語的主流場所，最後浸入英語課程中，此方案的特徵是：

• 特別著重於英語的教學。
• 使用說母語的教學助理。
• 不施予母語的正式教學。

- 全部的課程並不將英語統整為第二語言（
  ESL ）的方案，英語為第二語言的教學是單
  獨的課程單元。

(2) 過渡／保持（ transition/maintenance ）方
   案：

著重兩種語言系統的發展，方案的目標是持續發
展兩種語言，此方案的特徵是：

- 由單語（英語）教師和雙語教師或只由雙語教
  師實施小組協同教學。
- 在教材內容中廣泛使用母語。
- 母語和英語兩者的教學，統整於各種教材內容
  中。
- 在課程中努力併入有關的文化學習活動，這些
  活動通常呈現多元文化的特質。
- 將只說英語的兒童併入班級中，教予非說英語
  兒童的語言。
- 只說英語的兒童之種族和非說英語兒童相同
  者，鼓勵其互動，試圖恢復他們的本土母語。

在美國，浸入方案很少，而過渡／英語為第二語
言方案和過渡／保持方案兩者的數量相同，這些方案
對於兒童的語言和認知發展的成效，尚待進一步的研
究評估。但不論是浸入方案或過渡方案，都強調讓兒

童儘量自然地顯露在第二語言的環境中，而不是正式的語言教學。幼兒的雙語教育方案，基本上應讓幼兒顯露在有關語言的具體經驗，幼兒被激發學習第二語言，是因為幼兒覺得該語言的實際需要（Gonzalez-Mena, 1981）。

雙語教育提供兒童在學校生存的機會，也不放棄他們的文化認同，為了成為真正的雙語者，這些兒童在獲得英語時，並且發展有關母語的知識。研究雙語教育的學者王菲茉兒（Wong Fillmore, 1986）指出，一般雙語教育常強調幫助學生學習英語，其實不論有無這樣的幫助，學生每日生活在以英語為主要語言的美國社會，這些學生知道他們遲早必須學會英語；然而，在美國社會，少數民族的學生學習英語之際，常隨之損失他們的第一種語言和文化認同，結果，最大的損失可能是社會。移民團體有極大的文化資源和才能，可貢獻和充實這個社會，如果英語有限制的移民團體的兒童在學習英語時，喪失了他們的文化，他們長大成人後，將較少能回饋社會，這將是整個社會的損失。

在美國，語言的少數民族幼兒，常很早就進入幼兒學校學習英語，這雖有利於其日後英語能力的發展，以進入英語主導的學校和社會系統，但是卻同時

也損失了自己家庭的第一種母語，這對於幼兒、家庭、和整體社會都是損失。例如，在美國實施的「從頭開始方案」（Project Head Start），主要目的是提供貧困的幼兒在學校學習所需要的經驗背景和技巧，其中包括英語的能力，這些進入「從頭開始方案」的貧困幼兒常是語言的少數民族幼兒，在學習英語之際，即喪失了他們的第一種母語。

在美國，針對語言的少數民族幼兒的一項全國性調查（Wong Fillmore, 1991）顯示，移民家庭的幼兒愈早學英語，即隨著損失其第一種語言，這種損失影響幼兒在家中與父母的溝通，尤其是父母只會說第一種母語時。當父母不能與幼兒溝通談話時，父母即很難將他們文化背景中的價值、信念、瞭解、智慧、和經驗傳達給孩子，家庭將因此損失共享的信念和瞭解的親密感，孩子亦因此斷絕其本土文化的認同。

在我國的社會，幼兒如很早就進入幼稚園說國語，這雖可能有利於其日後國語能力的發展，以適應國語主導的學校和社會系統，但是卻可能同時也損失了自己家庭的母語，這對於幼兒、家庭、和整體社會都是語言和文化的損失。在臺灣，由於國語的推行和普及，學校、社會、和大眾媒體皆通用國語，使得許多兒童逐漸都不會說其原有的方言或母語，這種情形

更出現於原住民的兒童。

臺灣光復以來，山地學校即推行說國語運動，山地兒童在學校講自己的話，往往會被受罰，此外，又面臨山地學校師資素質的普遍低落，越來越多的兒童和青少年，又紛紛下山到都市就讀，因此「自己的話」就更不會說了，造成年輕一代與老一輩之間溝通的不良，兩代間的精神紐帶斷裂，家中沒有共同的語言，家庭成員無法做深入的生命分享，民族的傳統文化也失去傳承（廖嘉展，民81）。

對於語言和文化不同的兒童，學校的教室型態需要做文化的反應，雙語言／雙文化的教育方案即強調語言和文化是共同運作、互為一體的，兒童在學習和發展其第一語言和第二語言之際，亦同時學習和運用他們本土的文化和主流文化，尋求雙文化的價值。兒童常會變成雙語者，是因為他們被期待在學校裡說一種語言，而回家和家人說另一種方言（母語），如果老師或其他教育人員對兒童的方言（母語）作批評，可能會對孩子的自我概念有相當大的負面影響（王瑋等譯，民77，頁366）。

幼兒教師在語言和文化不同的幼兒生活中，扮演著重要的角色，幼稚園（或托兒所）是幼兒離開家，首先接觸非家庭的成員、文化不同的人們、和非說母

語者的場所，教師的態度和知識要能接納和欣賞幼兒之語言和文化的不同。參照有關幼兒雙語言／雙文化教育方案的研究，幼兒教師須注意和應用下列幾個原則：

- 接受語言學習之時間架構的個別差異。不要以為幼兒能很快和很容易學會一種語言，避免急促地將幼兒推向主流教室，幼兒需要時間探索和經驗第二語言的學習。

- 接受幼兒想要溝通的意向。因為嘗試和錯誤是第二語言學習過程的一部分，商議意義和共同談話是重要的，幼兒應該有機會練習母語和新建立的語言技巧。大人不應主導談話，而應多聽幼兒說話，提供幼兒說話的機會，例如：戲劇遊戲、故事時間、偶戲、同儕互動、社會經驗、郊遊、烹飪、和其他充實的活動。

- 認識幼兒需要獲得新的語言技巧，而不是代替現有的語言技巧，讓幼兒有機會保留他們的本土語言和文化，並且有充分的社會互動機會。

- 提供一個激發的、動態的、不同語言的環境，讓幼兒在有意義的社會互動中使用語言，避免嚴格的文法教學，幼兒喜歡非正式的遊戲經驗、戲劇活動、偶戲、電話談話、參與兒童文學、和同儕

　的社會互動。

- 併入所有幼兒的文化經驗，重視每位幼兒的本土文化，以增進幼兒的人際技巧、學業和社會的成就。

- 使用非正式的觀察，以引導活動的計畫。

- 提供一個接納的教室氣氛，重視文化和語言不同的幼兒。

- 尊重幼兒的家庭，加強學校與家庭的聯繫，鼓勵雙語系家庭或社區人員來參與教室活動，分享他們的語言和文化。

- 有關文化的材料與活動不應只限於慶祝不同文化的節日，還可包括認識各文化的食物、音樂、住宅、家庭等文化的特色。

本 章 摘 要

　　幼兒成為雙語者，是因其被期待在學校說一種語言，而回家和家人說另一種語言（母語），即在早期學習和發展兩種語言。語言涉及文化的認同，幼兒在學習兩種語言之際，即同時涉及兩種文化系統，此即雙語言／雙文化的經驗。

　　幼兒的雙語發展是在社會互動過程中，自然地顯露在兩個語言系統。幼兒並不一定比大人更容易獲得第二語言。幼兒學習第二語言，有其複雜的個別差異，其涉及社會的、語言的、和認知的交互過程。幼兒獲得第二語言的方式，是經由照顧者的語言方式，即大人順應著幼兒的語言行為。

　　雙語教育有兩種取向，一者強調正式的語言教學，另一者著重於提供一個語言豐富的自然環境。從母語和第二語言的關係看，雙語教育有增加的或減去的兩種取向，或是分為浸入方案或非浸入方案。

　　幼兒在學習和發展其第一語言和第二語言之際，需同時學習和運用本土文化和主流文化之雙文化的價值。幼兒教師要能接納和欣賞幼兒之語言和文化的不同，提供一個激發的雙語言環境，併入所有幼兒的文化經驗。

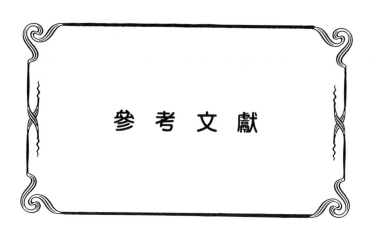

（參 考 文 獻）

一、中文部分

王瑋等譯（民 77 ）《人類發展學：人生過程整體
探討》。臺北：華杏。

瓦歷斯·尤幹（民 81 ）《從灰燼中重建：由臺灣
原住民族羣標幟談起》。中國論壇，32（9），
39－43。

臺灣中華書局（民 63 ）《辭海》。臺北：臺灣中
華。

朱介凡（民 74 ）《中國兒歌》。臺北：純文學。

李丹主編（張欣戊校訂）（民 78 ）《兒童發
展》。臺北：五南。

李連珠（民 81 ）《臺灣幼兒之書寫發展初探》。八十學年度師範學院教育學術論文發表會論文，臺中。

吳敏而（民 80 ）《語言的發展》。載於蘇建文等：《發展心理學》（頁 219-264 ）。臺北：心理。

吳鼎（民 69 ）《兒童文學研究》。臺北：遠流。

信誼基金會（民 78 ）《十年來我國幼兒讀物出版狀況調查研究》。信誼基金會學前教育研究 C1-05。

高尚仁（民 71 ）《中國語文的心理與研究》。載於高尚仁、鄭昭明編：《中國語文的心理學研究》（頁 1-47 ）。臺北：文鶴。

森上史朗（民 81 ）（翁麗芳譯）《日本幼稚園課程標準的制定、修訂經過及其意義——理論層面之探討》。載於國立臺北師範學院幼兒教育師資科主編：《中日幼稚園課程研討會手冊》（頁 8-16 ）。臺北：國立臺北師範學院。

曹峯銘譯（民 80 ）《兒童早期展現的讀寫能力：斐格夫斯基的學習及發展模型的應用》。臺灣省國民學校教師研習會，80 學年度幼兒教育學術研討會參考資料。

黃瑞琴（民79）《幼兒讀寫文字經驗的意義》。
國民教育，31〔1,2〕，7-10。

廖嘉展（民81）《回到故鄉的山上：曾瑞琳教育
工作的初步觀察》。中國時報（81年2月21日
）。

賴保禎、張欣戊、幸曼玲編（民79）《發展心理
學》。臺北：國立空中大學。

二、英文部分

Beaty, J. J. (1990). Observing development of the
young child. Columbus,OH: Merrill.

Blazer, B. (1986). "I want to talk to you about
writing": 5-year-old children speak. In B. B.
Schieffelin & P. Gilmore (Eds.), The acquisition
of literacy: Ethnographic perspectives
(pp.75-109). Norwood. NJ: Ablex.

Bredekamp, S.(Ed.), (1986). Developmentally
appropriate practice. Washington, D.C: National
Association for the Education of Young Chil-
dren.

Burke, E. M. (1986). Early Childhood Literature:

For love of child and book. Newton, MA: Allyn and Bacon.

Chittenden, E., & Courtney, R. (1989). Assessment of young children's reading: Documentation as an alternative to testing. In D. S. Strickland, & Morrow, L. M. (Eds.), Emerging literacy: Young children learn to read and write (pp.107—120). Newark, DE: International Reading Association.

Chomsky, C. (1972). Stages in language development and reading exposure. Harvard Educational Review, 42, 1—33.

Christie, J. F., & Johnsen, E. P. (1983). The role of play in social—intellectual development. Review of Educational Research, 53 (1), 93—115.

Clark, H. H., & Clark, E. V. (1977). Psychology and language: An introduction to psycholinguistics. New York: Harcourt Brace Jovanovich.

Clay, M.(1976). What did I write? Portsmouth, NH: Heinemann Educational Books.

Coody, B. (1983). Using literature with young children. Dubuque, IA: Wm. C. Brown.

幼

兒

的

語

文

經

驗

Cullinan, B. E. (1989). Literature for young children. In D. Strickland, & L. Morrow (Eds.), Emerging literacy: Young children learn to read and write(pp.35-51). Newark, DE: International Reading Association.

Ervin-Tripp, S. (1991). Play in language development. In B. Scales, M. Almy, A. Nicolopoulou, & S. Ervin-Tripp (Eds.), Play and the social context of development in early care and education(pp.84-97). New York: Teachers College, Columbia University.

Garcia, E. (1980). Bilingualism in early childhood. Young Children,35(4), 52-66.

Garcia, E. (1982). Language acquisition: Phenomenon, theory, and research. In B. Spodek (Ed.), Handbook of research in early childhood education(pp.47-64). New York: The Free Press.

Garvey, C. (1977). Play. Cambridge, MA: Harvard University Press.

Gelman, R., & Shatz, M. (1977). Appropriate speech adjustments: The operation of conversational constraints on talk to two-year-olds. In M. Lewis & L. A. Rosenblum (Eds.), Interaction, conversation, and the development of language. New York: Wiley.

Gibson, L. (1989). Literacy learning in the early years: Through children's eyes. New York: Teachers College Press.

Gingras, R. C. (1983). Early childhood bilingualism: Some considerations from second-language acquisition research. In O. N. Saracho & B. Spodek(Eds.), Understanding the multicultural experience in early childhood education. (pp.67-74). Washington, Dc: National Association for the Education of Young Children.

Glazer, J. I. (1986). Literature for young children. Columbus, OH: A Bell & Howell.

Gonzalez-Mena, J. (1981). English as a second language for preschool children. In Cazden, C. B. (Ed.), Language and early childhood education(pp.127-132). Washington, DC: National Association for the Education of Young Children.

Halliday, M. (1975). Learning how to mean: Explorations in the development of language. London: Edward Arnold.

Harste, J., & Carey, R. (1979). Comprehension as setting. Monograph in language and reading studies, Number 3,4−22.

Harste, J., & Woodward, V. (1989). Fostering needed change in early literacy programs. In D. Strickland, & L. Morrow (Eds.), Emerging literacy: Young children Learn to read and write(pp.147−159). Newark, DE: International Reading Association.

Heald−Taylor, G. (1989) . The administrator's guide to whole language. Katonah, New York: Richard C. Owen.

International Reading Association(1986). Literacy development and pre−first grade: A joint statement of concerns about present practices in pre−first grade reading instruction and recommendations for improvement. Young Children, 41(4), 10−13.

Jacobs, L. B. (1972). Enjoying poetry with

children. In M. D. Cohen(Ed.), Literature with children(pp.32-38). Washington, DC: Association for Childhood Educational International

Jalongo, M. R. (1988). Young children and picture books: Literature from infancy to six. Washington, DC: National Association for the Education of Young Children.

Leichter, H. J. (1984). Families as environments for literacy. In H. Goelman, A. Oberg, & F. Smith (Eds.), Awakening to literacy(pp.38-50). Portsmouth, NH: Heinemann Educational Books.

Machado, J. M. (1980). Early Childhood experiences in language arts. Albany, NY: Delmar.

Martlew, M.(1988). Children's oral and written language. In A. D. Pellegrini(Ed.), Psychological bases for early education(pp.77-122). New York: John Wiley & Sons.

Mason, J. M., Peterman, C. L., & Kerr, B. M. (1989). Reading to kindergarten children. In D. Strickland, & L. Morrow (Eds.), Emerging literacy: Young children learn to read and

幼

兒

的

語

文

經

驗

write(pp.52-62). Newark, DE: International Reading Association.

Morrow, L. M. (1989a). Literacy development in the early years: Helping children read and write. Englewood Cliffs, NJ: Prentice Hall.

Morrow, L. M. (1989b). Designing the classroom to promote literacy development. In D. Strickland, & L. Morrow (Eds.), Emerging literacy: Young children learn to read and write(pp.121-134). Newark, DE: International Reading Association.

Neuman, S. B., & Roskos, K. (1991). Peers as literacy informants: A description of young children's literacy conversations in play. Early Childhood Quarterly, 6, 233-248.

Pflaum, S. W. (1986). The development of language and literacy in young children. Columbus, OH: Charles E. Merrill.

Robison, H. F. & Schwartz, S. L. (1982). Designing curriculum for early childhood. Boston, MA: Allyn and Bacon.

Salinger, T. (1988). Language arts and literacy for

young children. Columbus, OH: Merrill.

Sawyer, W. & Comer, D. E.(1991). Growing up with literature. Albany, NewYork: Delmar.

Schickedanz, J. A. (1982). The acquisition of written language in young children. In B. Spodek (Ed.), Handbook of research in early childhood education(pp.242−263). New York: The Free Press.

Schickedanz, J. A., Cay, S., Gopin, P., Sheng, L. L., Song, S., & Wild, N. (1990). Preschoolers and academics: Some thoughts. Young Children, 46(1), 4−13.

Schrader, C. A. (1990). Symbolic play as a curricular tool for early literacy development. Early Childhood Research Quarterly, 5(1), 79−103.

Schwartzman, H. B. (1978). Transformation: The anthropology of children's play. New York: Plenum.

Scott, L. B. (1968). Learning time with language experiences for young children. New York: McGraw−Hill.

幼

兒

的

語

文

經

驗

Shaffer, D. R. (1989). Developmental psychology: Theory, research, and applications. Monterey, CA: Brooks/Cole.

Shatz, M. & Gelman, R. (1973). The development of communication skills: Modifications in the speech of young children as a function of listener. Monographs of the society for research in child development, 28(5), Serial No.152.

Sigel I., & Saunders, R. (1979). An inquiry in inquiry: Question asking as an instructional model. In L. Katz (Ed.), Current topics in early childhood education (vol.2). Norwood, NJ: Ablex.

Smilansky, S. (1968). The effects of sociodramatic play on disadvantaged preschool children. New York: John Wiley & Sons.

Smith, P. K. (1988). Children's play and its role in early development: A re—evaluation of the 'play ethos'. In A. D. Pellegrini(Ed.), Psychological bases for early education(pp.207—226). Chichester, NY: John Wiley & Sons.

Soto, L. D. (1991). Understanding bilingual /

bicultural young children. Young Children, 46(2), 30-36.

Spodek, B., Saracho O. N., & Davis, M. D.(1987). Foundations of early childhood education. Englewood Cliffs, NJ: Prentice-Hall.

Strickland, D. S. (1989). A model for change: Framework for an emergent literacy curriculum. In D. Strickland, & L. Morrow(Eds.), Emerging literacy:Young children learn to read and write(pp.135-146). Newark, DE: International Reading Association.

Strickland, D. S. & Taylor, D. (1989). Family storybook reading: Implications for children, families, and curriculum. In D. Strickland, & L. Morrow(Eds.), Emerging literacy: Young children learn to read and write(pp.27-34). Newark, DE: International Reading Association.

Sulzby, E. (1988). A study of children's early reading development. In A. D. Pellegrini(Ed.), Psychological bases for early education (pp.39-75). New York: John Wiley & Sons.

Sulzby, E., Teale, W. H., & Kamberelis, G. (1989).

幼

兒

的

語

文

經

驗

Emergent writing in the classroom: Home and
school connections. In D. Strickland, & L.
Morrow(Eds.), Emerging literacy: Young chil-
dren learn to read and write(pp.63−79). Newark,
DE: International Reading Association.

Teale, W. H. & Sulzby, E. (1989). Emergent
literacy: New perspectives. In D. Strickland, &
L. Morrow (Eds.), Emerging literacy: Young
children learn to read and write (pp.1−15).
Newark, DE: International Reading Associa-
tion.

Temple, C., Nathan, R., Burris, N., & Temple, F.
(1988). The beginning of writing. Newton, MA:
Allyn and Bacon.

Tizard, B. (1981). Language at home and at school.
In Cazden, C. B.(Ed.), Language and early
childhood education(pp.17−27). Washington ,
DC: National Association for the Education of
Young Children.

Vygotsky, L. (1978). Mind in society: The
development of higher psychological processes.
Cambridge, MA: Harvard University Press.

Walsh, M. & Diller, K. (1981). Neurological, considerations on the optimum age for second language learning. In Diller, C. (Ed.), Individual differences and universals in language learning aptitude. Rowley, MA: Newbury House Publishers.

Williamson, P. M. (1981). Literature goals and activities for young children. Young Children, 36(4). 24−30.

Wolf, S. (1989). Thinking in play: A young child's response to literature. Paper presentation at the National Reading Conference.

Wong Fillmore, L. (1986). Teaching bilingual learners. In M. Wittrock(Ed.), Handbook of research on teaching (pp.648−685). New York: Macmillan.

Wong Fillmore, L. (1991). When learning a second language means losing the first. Early Childhood Research Quarterly, 6(3), 323−346.

幼

兒

的

語

文

經

驗

國家圖書館出版品預行編目資料

幼兒的語文經驗／黃瑞琴著.
--初版.—臺北市：五南，1993 [民82]
面；　公分
參考書目：面
ISBN 978-957-11-0582-6（平裝）

1. 學前教育

523.2　　　　　　　　81006401

1IP2
幼兒的語文經驗

作　　者 — 黃瑞琴
發 行 人 — 楊榮川
總 編 輯 — 王翠華
主　　編 — 陳念祖
責任編輯 — 李敏華
出 版 者 — 五南圖書出版股份有限公司
地　　址：106台北市大安區和平東路二段339號4樓
電　　話：(02)2705-5066　傳　　真：(02)2706-6100
網　　址：http://www.wunan.com.tw
電子郵件：wunan@wunan.com.tw
劃撥帳號：01068953
戶　　名：五南圖書出版股份有限公司
法律顧問　林勝安律師事務所　林勝安律師
出版日期　1993年1月初版 一 刷
　　　　　2017年1月初版二十刷
定　　價　新臺幣275元